OEUVRES
COMPLETES
D'HELVÉTIUS.

TOME DIXIEME.

A PARIS,

DE L'IMPRIMERIE DE P. DIDOT L'AÎNÉ.

L'AN IIIe DE LA RÉPUBLIQUE.

1795.

OEUVRES
COMPLETES
D'HELVÉTIUS.

TOME DIXIEME.

DE L'HOMME,

DE SES FACULTÉS INTELLECTUELLES, ET DE SON ÉDUCATION.

> Honteux de m'ignorer,
> Dans mon être, dans moi, je cherche à pénétrer.
>
> VOLTAIRE, Disc. 6
> de la nature de l'Homme.

DE L'HOMME,

DE SES FACULTES INTELLECTUELLES, ET DE SON ÉDUCATION.

SECTION VI.

Des maux produits par l'ignorance; que l'ignorance n'est point destructive de la mollesse; qu'elle n'assure point la fidélité des sujets; qu'elle juge sans examen les questions les plus importantes. Celles du luxe citées en exemples. Des malheurs où ces jugements peuvent quelquefois précipiter une nation. Du mépris et de la haine qu'on doit aux protecteurs de l'ignorance.

CHAPITRE I.

De l'ignorance et de la mollesse des peuples.

L'IGNORANCE n'arrache point les peuples à la mollesse ; elle les y plonge, les dégrade, et les avilit. Les nations les plus stupides ne sont pas les plus recommandables pour leur magnanimité, leur courage, et la sévérité de leurs mœurs. Les Portugais et les Romains modernes sont ignorants : ils n'en sont pas moins pusillanimes, voluptueux, et mous. Il en est ainsi de la plupart des peuples de l'orient. En général, dans tout pays où le despotisme et la superstition engendrent l'ignorance, l'ignorance, à son tour, y enfante la mollesse et l'oisiveté.

Le gouvernement défend-il de penser? je me livre à la paresse. L'inhabitude de réfléchir me rend l'application pénible et l'attention fatigante (1). Quels charmes pour moi auroit alors l'étude? Indifférent à toute espece de connoissances, aucune ne m'intéresse assez pour m'en occuper; et ce n'est plus que dans des sensations agréables que je puis chercher mon bonheur.

Qui ne pense pas veut sentir, et sentir délicieusement. On veut même croître, si je l'ose dire, en sensations à mesure qu'on diminue en pensées. Mais peut-on être à chaque instant affecté de sensations voluptueuses? Non; c'est de loin en loin qu'on en éprouve de telles.

L'intervalle qui sépare chacune de ces sensations est, chez l'ignorant et le désœuvré, rempli par l'ennui. Pour en abréger la durée il se provoque au plaisir, s'épuise, et se blase. Entre tous les peuples, quels sont les plus généralement livrés à la débauche ? Les peuples esclaves et superstitieux.

Il n'est point de nation plus corrompue que la vénitienne (a), et sa corruption, dit M. Burck, est l'effet de l'ignorance qu'entretient à Venise le despotisme aristocratique. « Nul
« citoyen n'ose y penser : y faire usage
« de sa raison est un crime, et c'est
« le plus puni. Or, qui n'ose penser
« veut du moins sentir, et doit par
« ennui se livrer à la mollesse. Qui

(a) Voyez *Traité du Sublime*, de M. Burck. Je le traduis, et ne prétends point juger d'un peuple que je ne connois que sur des relations.

« supporteroit le joug d'un despo-
« tisme aristocratique, si ce n'est un
« peuple ignorant et voluptueux? Le
« gouvernement le sait, et le gou-
« vernement encourage ses sujets à
« la débauche. Il leur offre à-la-fois
« des fers et des plaisirs : ils acceptent
« les uns pour les autres ; et, dans
« leurs ames avilies, l'amour des
« voluptés l'emporte toujours sur ce-
« lui de la liberté. Le Vénitien n'est
« qu'un pourceau qui, nourri par le
« maître et pour son usage, est gardé
« dans une étable, où on le laisse se
« veautrer dans la fange et la boue.

« A Venise, grand, petit, homme,
« femme, clergé, laïque, tout est
« également plongé dans la mollesse.
« Les nobles, toujours en crainte du
« peuple, et toujours redoutables les
« uns aux autres, s'avilissent, s'é-
« nervent eux-mêmes par politique,

« et se corrompent par les mêmes
« moyens qu'ils corrompent leurs su-
« jets. Ils veulent que les plaisirs et
« les voluptés engourdissent en eux
« le sentiment d'horreur qu'excite-
« roit dans un esprit élevé et fier le
« tribunal d'inquisition de l'état. »

Ce que M. Burck dit ici des Vénitiens est également applicable aux Romains modernes, et généralement à tous les peuples ignorants et policés. Si le catholicisme, disent les réformés, énerve les ames, et ruine à la longue l'empire où il s'établit, c'est qu'il y propage l'ignorance et l'oisiveté, et que l'oisiveté est mere de tous les vices politiques et moraux.

L'amour du plaisir seroit-il donc un vice? Non. La nature porte l'homme à sa recherche, et tout homme obéit à cette impulsion de la nature. Mais le plaisir est le délassement du citoyen instruit, actif, et industrieux; et c'est l'unique occupation de l'oisif et du stupide. Le Spartiate, comme le Perse, étoit sensible à l'amour; mais l'amour, différent en chacun d'eux, faisoit de l'un un peuple vertueux, et de l'autre un peuple efféminé. Le ciel a fait les femmes dispensatrices de nos plaisirs les plus vifs : mais le ciel a-t-il voulu qu'uniquement occupés d'elles, les hommes, à l'exemple des fades bergers de l'*Astrée*, n'eussent d'autre emploi que celui d'amants? Ce n'est point dans les petits soins d'une passion langoureuse, mais dans l'activité de son esprit, dans l'acquisition des connoissances, dans ses travaux et son industrie, que l'homme peut trouver un remede à l'ennui. L'amour est toujours un péché théologique, et devient un péché moral lorsqu'on en fait sa principale occupation. Alors il énerve l'esprit, et dégrade l'ame.

Qu'à l'exemple des Grecs et des Romains les nations fassent de l'amour un dieu, mais qu'elles ne s'en rendent point les esclaves. L'Hercule qui combat Achéloüs et lui enleve Déjanire est fils de Jupiter ; mais l'Hercule qui file aux pieds d'Omphale n'est qu'un Sybarite. Tout peuple actif et éclairé est le premier de ces Hercules ; il aime le plaisir, le conquiert, et ne s'en excede point ; il pense souvent, jouit quelquefois.

Quant au peuple esclave et superstitieux, il pense peu, s'ennuie beaucoup, voudroit toujours jouir, s'excite, et s'énerve. Le seul antidote à son ennui seroit le travail, l'industrie, et les lumieres. Mais, dit à ce sujet Sidney, les lumieres d'un peuple sont toujours proportionnées à sa liberté, comme son bonheur et sa puissance sont toujours proportionnés à ses lumieres. Aussi l'Anglais, plus libre, est communément plus éclairé que le Français, le Français que l'Espagnol, l'Espagnol que le Portugais, le Portugais que le Maure. L'Angleterre, en conséquence, est, relativement à son étendue, plus puissante que la France (a), la France que l'Espagne, l'Espagne que le Portugal, et le Portugal que Maroc. Plus les peuples sont

(a) Pour prouver l'avantage du moral sur le physique, le ciel, disent les Anglais, a voulu que la Grande-Bretagne proprement dite n'eût que le quart d'étendue de l'Espagne, que le tiers de la France, et que, moins peuplée peut-être que ce dernier royaume, elle lui commandât par la supériorité de son gouvernement.

éclairés, plus ils sont vertueux, puissants, et heureux. C'est à l'ignorance seule qu'il faut imputer les effets contraires. Il n'est qu'un cas où l'ignorance puisse être desirable ; c'est lorsque tout est désespéré dans un état, et qu'à travers les maux présents on apperçoit encore de plus grands maux à venir. Alors la stupidité est un bien (a) ; la science et la prévoyance sont un mal. C'est alors que, fermant les yeux à la lumiere, on voudroit se cacher des maux sans remede. La position du citoyen est semblable à celle du marchand naufragé : l'instant pour lui le plus cruel n'est pas celui

(a) Dans les empires d'orient, le plus funeste et le plus dangereux don du ciel seroit une ame noble, un esprit élevé. Ils seroient un crime dont le sultan les puniroit. Peu d'orientaux sont exposés à ce danger.

où, porté sur les débris du vaisseau, la nuit couvre la surface des mers, où l'amour de la vie et l'espérance lui font, dans l'obscurité, entrevoir une terre prochaine. Le moment terrible est le lever de l'aurore, lorsque, repliant les voiles de la nuit, elle éloigne la terre de ses yeux, et lui découvre à-la-fois l'immensité des mers et de ses malheurs : c'est alors que l'espérance, portée avec lui sur les débris du vaisseau, fuit, et cede sa place au désespoir.

S'il est quelque royaume en Europe où les malheurs des citoyens soient sans remede, qu'on y détruise l'ignorance, et l'on y aura détruit tous les germes du mal moral.

L'ignorance plonge non seulement les peuples dans la mollesse, mais éteint en eux jusqu'au sentiment de l'humanité : les plus ignorants sont les plus barbares. Lequel se montra dans la derniere guerre le plus inhumain des peuples? L'ignorant Portugais. Il coupoit le nez et les oreilles des prisonniers faits sur les Espagnols. Pourquoi les Français se montrerent-ils plus généreux? C'est qu'ils étoient moins stupides.

Nul citoyen de la Grande-Bretagne qui ne soit plus ou moins instruit (2). Point d'Anglais que la forme de son gouvernement ne nécessite à l'étude (3). Aucun ministere que le cri national avertisse plus promptement de ses fautes. Or, si, dans la science du gouvernement comme dans toute autre, c'est du choc des opinions contraires que doit jaillir la lumiere, point de pays où l'administration puisse être plus éclairée, puisqu'il n'en est aucun où la presse soit plus libre.

Il n'en est pas de même à Lisbonne. Où le citoyen étudieroit-il la science du gouvernement ? seroit-ce dans les livres ? La superstition souffre à peine qu'on y lise la *Bible*. Seroit-ce dans la conversation ? Il est dangereux d'y parler des affaires publiques, et personne en conséquence ne s'y intéresse. Seroit-ce enfin au moment qu'un grand entre en place ? Mais alors, comme je l'ai déja dit, le moment de se faire des principes est passé ; c'est le temps de les appliquer, d'exécuter, et non de méditer. D'où faut-il donc qu'une pareille nation tire ses généraux et ses ministres ? De l'étranger.

CHAPITRE II.

L'ignorance n'assure point la fidélité des sujets.

Quelques politiques ont regardé l'ignorance comme favorable au maintien de l'autorité du prince, comme l'appui de sa couronne, et la sauvegarde de sa personne : rien de moins prouvé par l'histoire. L'ignorance des peuples n'est vraiment favorable qu'au sacerdoce. Ce n'est point en Prusse, en Angleterre, où l'on peut tout dire et tout écrire, qu'on attente à la vie des monarques ; mais en Portugal, en Turquie, dans l'Indoustan, etc. Dans quel siecle dressa-t-on l'échafaud de Charles I? Dans celui où la superstition commandoit en Angleterre, où les peuples, gémissant sous le joug de l'ignorance, étoient encore sans arts et sans industrie.

Si la vie de George III est assurée, ce n'est point l'esclavage et l'ignorance, mais les lumieres et la liberté, qui la lui assurent. Tout pouvoir sans bornes est un pouvoir incertain (4). Les siecles où les princes sont le plus exposés aux coups du fanatisme et de l'ambition sont ceux de l'ignorance et du despotisme ; et tout monarque qui les propage creuse le gouffre où du moins s'abymera sa postérité. A-t-il avili l'homme au point de fermer la bouche aux opprimés ? il a conjuré contre lui-même. Qu'alors un prêtre armé du poignard de la religion, ou qu'un usurpateur à la tête d'une troupe de brigands, descende dans la place publique, il sera suivi de ceux mêmes qui, s'ils avoient eu des idées nettes de la justice, eussent, sous l'étendard du prince légitime, combattu et puni le prêtre ou l'usurpateur. Tout l'orient dépose en faveur de ce que j'avance. Tous les trônes y ont été souillés du sang de leurs maîtres. L'ignorance n'assure donc pas la fidélité des sujets.

Ses principaux effets sont d'exposer les empires à tous les malheurs d'une mauvaise administration, de répandre sur les esprits un aveuglement qui, passant bientôt du gouverné au gouvernant, assemble les tempêtes sur la tête du monarque. Dans les pays policés, n'est-ce pas l'ignorance, trop souvent compagne du despotisme, qui, s'opposant à toute réforme utile, éternise les abus, et non seulement prolonge la durée des calamités publiques, mais rend encore les citoyens incapables de cette opiniâtre attention qu'exige l'examen de la plupart des questions politiques ?

Prenons pour exemple celle du luxe. Que de sagacité et d'attention pour résoudre ce problème politique ! Combien une erreur sur de pareilles questions n'est-elle pas quelquefois préjudiciable aux empires, et l'ignorance, par conséquent, funeste aux nations !

CHAPITRE III.

Du luxe.

Qu'est-ce que le luxe ? Ce mot, comme celui de grandeur, est une de ces expressions comparatives qui n'offrent à l'esprit aucune idée nette et déterminée : il n'exprime qu'un rapport entre deux ou plusieurs objets ; il n'a de sens fixe qu'au moment où on les met, si je l'ose dire, en équation, et que l'on compare le luxe d'une certaine nation, d'une certaine classe d'hommes, d'un certain particulier, avec le luxe d'une autre nation, d'une autre classe d'hommes, et d'un autre particulier.

Le paysan anglais, bien nourri, bien vêtu, est dans un état de luxe, comparé au paysan français. L'homme habillé d'un drap épais est dans un état de luxe par rapport au sauvage couvert d'une peau d'ours. Tout, jusqu'aux plumes dont le Caraïbe orne son bonnet, peut être regardé comme luxe.

CHAPITRE IV.

Si le luxe est nécessaire et utile.

Il est de l'intérêt de toute nation de former de grands hommes dans les arts et les sciences de la guerre, de l'administration, etc. Les grands talents sont par-tout le fruit de l'étude et de l'application; et l'homme, paresseux de sa nature, ne peut être arraché au repos que par un motif puissant. Quel peut être ce motif? De grandes récompenses. Mais de quelle nature seront les récompenses décernées par une nation? entendroit-on par ce mot le simple don du nécessaire? Non sans doute. Le mot *récompense* désigne toujours le don de quelque superfluité (5), ou dans les plaisirs, ou dans les commodités de la vie. Or, toutes les superfluités dont jouit celui auquel elles sont accordées le mettent dans un état de luxe par rapport au plus grand nombre de ses concitoyens. Il est donc évident que les esprits ne pouvant être arrachés à une stagnation nuisible à la société que par l'espoir des récompenses, c'est-à-dire des superfluités, la nécessité du luxe est démontrée, et qu'en ce sens le luxe est utile.

Mais, dira-t-on, ce n'est point contre cette espece de luxe ou de superfluités, récompense des grands talents, que s'élevent les moralistes, c'est contre ce luxe destructeur qui produit l'intempérance, et sur-tout cette avidité de richesses corruptrices des mœurs d'une nation, et présage de sa ruine.

J'ai souvent prêté l'oreille aux discours des moralistes ; je me suis rappelé leurs panégyriques vagues de la tempérance, et leurs déclamations encore plus vagues contre les richesses; et, jusqu'à présent, nul d'entre eux, examinateur profond des accusations portées contre le luxe, et des calamités qu'on lui impute, n'a, selon moi, réduit la question au point de simplicité qui doit en donner la solution.

Ces moralistes prennent-ils le luxe de la France pour exemple? Je consens d'en examiner avec eux les avantages et les désavantages. Mais, avant d'aller plus loin, est-il bien vrai, comme ils le répetent sans cesse, 1°. que le luxe produise l'intempérance nationale; 2°. que cette intempérance enfante tous les maux qu'on lui attribue?

CHAPITRE V.

Du luxe et de la tempérance.

Il est deux sortes de luxe. Le premier est un luxe national fondé sur une certaine égalité dans le partage des richesses publiques. Il est peu apparent (6), et s'étend à presque tous les habitants d'un pays. Ce partage ne permet pas aux citoyens de vivre dans le faste et l'intempérance d'un Samuel Bernard, mais dans un certain état d'aisance et de luxe par rapport aux citoyens d'une autre nation. Telle est la position d'un paysan anglais comparé au paysan français (a). Or, le

(a) Le Spartiate étoit fort et robuste; il étoit donc suffisamment substanté. Les paysans, en certains pays, sont maigres et foibles; ils ne sont donc pas assez

premier n'est pas toujours le plus tempérant.

La seconde espece de luxe, moins générale (7), plus apparente, et renfermée dans une classe plus ou moins nombreuse de citoyens, est l'effet d'une répartition très inégale des richesses nationales. Ce luxe est celui des gouvernements despotiques, où la bourse des petits est sans cesse vuidée dans celle des grands ; où quelques uns regorgent de superflu, lorsque les autres manquent du nécessaire (8). Les habitants d'un tel pays consomment peu : qui n'a rien n'achete rien. Ils sont d'ailleurs d'autant plus tempérants qu'ils sont plus indigents.

La misere est toujours sobre ; et le luxe dans ces gouvernements ne pro-

nourris : le Spartiate a donc vécu dans un état de luxe par rapport aux habitants de quelques autres contrées.

3.

duit pas l'intempérance, mais la tempérance nationale, c'est-à-dire du plus grand nombre.

Sachons maintenant si cette tempérance est aussi féconde en prodiges que l'assurent les moralistes. Que l'on consulte l'histoire; on apprend que les peuples communément les plus corrompus sont les sobres habitants soumis au pouvoir arbitraire; que les nations réputées les plus vertueuses sont au contraire ces nations libres, aisées, dont les richesses sont le plus également réparties, et dont les citoyens, en conséquence, ne sont pas toujours les plus tempérants. En général, plus un homme a d'argent, plus il en dépense, mieux il se nourrit. La frugalité, vertu sans doute respectable et méritoire dans un particulier, est dans une nation toujours l'effet d'une grande cause. La vertu d'un peuple est presque toujours une *vertu de nécessité*; et la frugalité, par cette raison, produit rarement dans les empires les miracles qu'on en publie.

Les Asiatiques, esclaves, pauvres, et nécessairement tempérants, sous Darius et Tigrane, n'eurent jamais les vertus de leurs vainqueurs.

Les Portugais, comme les Orientaux, surpassent les Anglais en sobriété, et ne les égalent point en valeur, en industrie, en vertu, enfin en bonheur (9). Si les Français ont été battus dans la derniere guerre, ce n'est point à l'intempérance de leurs soldats qu'il faut rapporter leurs défaites. La plupart des soldats sont tirés de la classe des cultivateurs, et les cultivateurs français ont l'habitude de la sobriété.

Si les moralistes vantent tant la

frugalité, c'est qu'ils n'ont point d'idées nettes du luxe; qu'ils le confondent avec la cause souvent funeste qui le produit; qu'ils se croient vertueux parcequ'ils sont austeres, et raisonnables parcequ'ils sont ennuyeux. Cependant l'ennui n'est pas raison.

Les écrivains de l'antiquité qui n'ont vu pareillement dans le luxe que le corrupteur de l'Asie se sont trompés comme les modernes.

Pour savoir si c'est le luxe ou la cause même du luxe qui dans l'homme détruit tout amour de la vertu, qui corrompt les mœurs d'une nation, et l'avilit, il faut d'abord déterminer ce qu'on entend par le mot *peuple vil*. Est-ce celui dont tous les citoyens sont corrompus ? Il n'est point de tel peuple. Il n'est point de pays où l'ordre commun du bourgeois, toujours opprimé et rarement oppresseur, n'aime et n'estime la vertu. Son intérêt l'y sollicite. Il n'en est pas de même de l'ordre des grands. L'intérêt de qui veut être impunément injuste, c'est d'étouffer dans les cœurs tout sentiment d'équité : cet intérêt commande impérieusement aux puissants, mais non au reste de la nation. Les ouragans bouleversent la surface des mers, leurs profondeurs sont toujours calmes et tranquilles ; telle est la classe inférieure des citoyens de presque tous les pays. La corruption parvient lentement jusqu'aux cultivateurs, qui seuls composent la plus grande partie de toute nation.

On n'entend et l'on ne peut donc entendre par *nation avilie* que celle où la partie gouvernante, c'est-à-dire les puissants, sont ennemis de la partie gouvernée, ou du moins indifférents à son bonheur (a). Or, cette indifférence n'est pas l'effet du luxe, mais de la cause qui le produit, c'est-à-dire de l'excessif pouvoir des grands, et du mépris qu'en conséquence ils conçoivent pour leurs concitoyens.

Dans la ruche de la société humaine il faut, pour y entretenir l'ordre et la justice, pour en écarter le

---

(a) Ce mot *corruption de mœurs* ne signifie que la division de l'intérêt public et particulier. Quel est le moment de cette division ? Celui où toutes les richesses et le pouvoir de l'état se rassemblent dans les mains du petit nombre. Nul lien alors entre les différentes classes de citoyens. Le grand, tout entier à son intérêt personnel, indifférent à l'intérêt public, sacrifiera l'état à ses passions particulieres. Faudra-t-il pour perdre un ennemi faire manquer une négociation, une opération de finance, déclarer une guerre injuste, perdre une bataille ? il fera tout, il accor-

vice et la corruption, que tous les individus, également occupés, soient forcés de concourir également au bien général, et que les travaux soient également partagés entre eux.

En est-il que leurs richesses et leur naissance dispensent de tout service? la division et le malheur est dans la ruche; les oisifs y meurent d'ennui,

dera tout au caprice, à la faveur, et rien au mérite; le courage et l'intelligence du soldat et du bas-officier resteront sans récompenses. Qu'en arrivera-t-il? Que le magistrat cessera d'être integre, et le soldat courageux; que l'indifférence succédera dans leur ame à l'amour de la justice et de la patrie; et qu'une telle nation, devenue le mépris des autres, tombera dans l'avilissement. Or, cet avilissement ne sera pas l'effet de son luxe, mais de cette trop inégale répartition du pouvoir et des richesses dont le luxe même est un effet.

ils sont enviés sans être enviables, parcequ'ils ne sont pas heureux. Leur oisiveté cependant, fatigante pour eux-mêmes, est destructive du bonheur général. Ils dévorent par ennui le miel que les autres mouches apportent, et les travailleuses meurent de faim pour des oisifs qui n'en sont pas plus fortunés.

Pour établir solidement le bonheur et la vertu d'une nation, il faut la fonder sur une dépendance réciproque entre tous les ordres de citoyens. Est-il des grands qui, revêtus d'un pouvoir sans bornes, n'ont, du moins pour le moment, rien à craindre ou à espérer de la haine ou de l'amour de leurs inférieurs ? alors toute dépendance mutuelle entre les grands et les petits est rompue, et, sous un même nom, ces deux ordres de citoyens composent deux nations rivales. Alors le grand se permet tout ; il sacrifie sans remords à ses caprices, à ses fantaisies, le bonheur de tout un peuple.

Si la corruption des puissants ne se manifeste jamais davantage que dans les siecles du plus grand luxe, c'est que ces siecles sont ceux où les richesses se trouvent rassemblées dans un plus petit nombre de mains, où les grands sont plus puissants, par conséquent plus corrompus.

Pour connoître la source de leur corruption, l'origine de leur pouvoir, de leurs richesses, et de cette division d'intérêts des citoyens qui sous le même nom forment deux nations ennemies, il faut remonter à la formation des premieres sociétés.

CHAPITRE VI.

De la formation des peuplades.

QUELQUES familles ont passé dans une île. Je veux que le sol en soit bon, mais inculte et désert. Quel est au moment du débarquement le premier soin de ces familles ? Celui de construire des huttes, et de défricher l'étendue de terrain nécessaire à leur subsistance. Dans ce premier moment quelles sont les richesses de l'île ? Les récoltes, et le travail qui les produit. Cette île contient-elle plus de terres à cultiver que de cultivateurs ? quels sont les vrais opulents ? Ceux dont les bras sont les plus forts et les plus actifs.

Les intérêts de cette société naissante seront d'abord peu compliqués ;

et peu de lois, en conséquence, lui suffiront. C'est à la défense du vol et du meurtre que presque toutes se réduiront. De telles lois seront toujours justes, parcequ'elles seront faites du consentement de tous; parcequ'une loi généralement adoptée dans un état naissant est toujours conforme à l'intérêt du plus grand nombre, et par conséquent toujours sage et bienfaisante.

Je suppose que cette société élise un chef : ce ne sera qu'un chef de guerre, sous les ordres duquel elle combattra les pirates et les nouvelles colonies qui voudront s'établir dans son île. Ce chef, comme tout autre colon, ne sera possesseur que de la terre qu'il aura défrichée. L'unique faveur qu'on pourra lui faire, c'est de lui laisser le choix du terrain. Il sera d'ailleurs sans pouvoir.

Mais les chefs successeurs du premier resteront-ils long-temps dans cet état d'impuissance ? Par quel moyen en sortiront-ils, et parviendront-ils enfin au pouvoir arbitraire ?

L'objet de la plupart d'entre eux sera de se soumettre l'île qu'ils habitent. Mais leurs efforts seront vains tant que la nation sera peu nombreuse. Le despotisme s'établit difficilement dans un pays qui, nouvellement habité, est encore peu peuplé. Dans toutes les monarchies, les progrès du pouvoir sont lents ; le temps employé par les souverains de l'Europe pour s'asservir leurs grands vassaux en est la preuve. Le prince qui de trop bonne heure attenteroit à la propriété des biens, de la vie, et de la liberté des puissants propriétaires, et voudroit accabler le peuple d'impôts, se perdroit lui-même ; grand et petit, tout se révolteroit ; le monarque n'auroit ni argent pour lever une armée, ni armée pour combattre ses sujets.

Le moment où la puissance du prince ou du chef s'accroît est celui où la nation est devenue riche et nombreuse, où chaque citoyen cesse d'être soldat, où, pour repousser l'ennemi, le peuple consent de soudoyer des troupes, et de les tenir toujours sur pied. Si le chef s'en conserve le commandement dans la paix et dans la guerre, son crédit insensiblement augmente ; il en profite pour grossir l'armée. Est-elle assez forte ? alors le chef ambitieux leve le masque, opprime les peuples, anéantit toute propriété, pille la nation ; parcequ'en général l'homme s'approprie tout ce qu'il peut ravir ; parceque le vol ne peut être contenu que par des lois séveres, et que les lois sont impuissantes contre le chef et son armée.

C'est ainsi qu'un premier impôt fournit souvent à l'usurpateur les moyens d'en lever de nouveaux, jusqu'à ce qu'enfin, armé d'une puissance irrésistible, il puisse, comme à Constantinople, engloutir dans sa cour et son armée toutes les richesses nationales. Alors, indigent et foible, un peuple est attaqué d'une maladie incurable. Nulle loi ne garantit aux citoyens la propriété de leur vie, de leurs biens, et de leur liberté. Faute de cette garantie, tous rentrent en état de guerre, et toute société est dissoute.

Ces citoyens vivent-ils encore dans les mêmes cités? ce n'est plus dans une union mais dans une servitude commune. Il ne faut alors qu'une poignée d'hommes libres pour renverser les empires en apparence formidables.

Qu'on batte trois ou quatre fois l'armée avec laquelle l'usurpateur tient la nation aux fers, point de ressource pour lui dans l'amour et la valeur de ses peuples; lui et sa milice sont craints et haïs. Le bourgeois de Constantinople ne voit dans les janissaires que les complices du sultan, et les brigands à l'aide desquels il pille et ravage l'empire. Le vainqueur a-t-il affranchi les peuples de la crainte de l'armée ? ils favorisent ses entreprises, et ne voient en lui qu'un vengeur.

Les Romains font cent ans la guerre aux Volsques; ils en emploient cinq cents à la conquête de l'Italie: ils paroissent en Asie, elle leur est asservie; la puissance d'Antiochus et de Tigrane s'anéantit à leur aspect, comme celle de Darius à l'aspect d'Alexandre.

Le despotisme est la vieillesse et la derniere maladie d'un empire; cette maladie n'attaque point sa jeunesse. L'existence du despotisme suppose ordinairement celle d'un peuple déja riche et nombreux. Mais comment se peut-il que la grandeur, la richesse, et l'extrême population d'un état, ait quelquefois des suites aussi funestes?

CHAPITRE VII.

De la multiplication des hommes dans un état, et de ses effets.

Dans l'île d'abord inculte où j'ai placé un petit nombre de familles; que ces familles se multiplient; qu'insensiblement l'île se trouve pourvue et du nombre de laboureurs nécessaires à sa culture, et du nombre d'artisans nécessaires aux besoins d'un peuple agriculteur; la réunion de ces familles formera bientôt une nation nombreuse. Que cette nation continue à se multiplier, qu'il naisse dans l'île plus d'hommes que n'en peuvent occuper la culture des terres et les arts que suppose cette culture; que faire de ce surplus d'habitants? Plus ils croîtront en nombre, plus l'état croîtra en charges; et de là la nécessité ou d'une guerre qui consomme ce surplus d'habitants, ou d'une loi qui tolere, comme à la Chine, l'exposition des enfants (10).

Tout homme sans propriété et sans emploi dans une société n'a que trois partis à prendre, ou de s'expatrier et d'aller chercher fortune ailleurs, ou de voler pour subvenir à sa subsistance, ou d'inventer enfin quelque commodité ou parure nouvelle en échange de laquelle ses concitoyens fournissent à ses besoins. Je n'examinerai point ce que devient le voleur ou le banni volontaire : ils sont hors de cette société. Mon unique objet est de considérer ce qui doit arriver à l'inventeur d'une commodité ou d'un luxe nouveau. S'il découvre, par exemple, le secret de peindre la toile, et que cette invention soit du goût de peu d'habitants, peu d'entre eux échangeront leurs denrées contre sa toile (11). Mais si le goût de ces toiles devient général, et qu'en ce genre on lui fasse beaucoup de demandes, que fera-t-il pour y satisfaire ? Il s'associera un plus ou moins grand nombre de ces hommes que j'appelle superflus, il levera une manufacture, l'établira dans un lieu agréable, commode, et communément sur les bords d'un fleuve dont les bras s'étendant au loin dans le pays y faciliteront le transport de ses marchandises. Je veux que la multiplication continuée des habitants donne encore lieu à l'invention de quelque autre commodité, de quelque autre objet de luxe, et qu'il s'éleve encore une nouvelle manufacture : l'entrepreneur, pour l'avantage de son commerce, aura intérêt de la placer sur les bords du même fleuve. Il la bâtira donc près de la premiere. Plusieurs de ces manufactures formeront un bourg, puis une ville considérable. Cette ville renfermera bientôt les citoyens les plus opulents, parceque les profits du commerce sont toujours immenses lorsque les négociants, peu nombreux, ont encore peu de concurrents.

Les richesses de cette ville y attireront les plaisirs. Pour en jouir et les partager, les riches propriétaires quitteront leur campagne, passeront quelques mois dans cette ville, y construiront des hôtels ; la ville s'agrandira de jour en jour, les hommes s'y rendront de toutes parts, parceque la pauvreté y trouvera plus de secours, le vice plus d'impunité, et la volupté plus de moyens de se satisfaire. Cette ville portera enfin le nom de capitale. Tels seront dans cette île les premiers effets de l'extrême multiplication des citoyens.

Un autre effet de la même cause sera l'indigence de la plupart des habitants. Leur nombre s'accroît-il ? est-il plus d'ouvriers que d'ouvrage ? la concurrence baisse le prix des journées ; l'ouvrier préféré est celui qui vend le moins chèrement son travail, c'est-à-dire qui retranche le plus de sa subsistance. Alors l'indigence s'étend, le pauvre vend, le riche achete, le nombre des possesseurs diminue, et les lois deviennent de jour en jour plus séveres.

Des lois douces peuvent régir un peuple de propriétaires : la confiscation partielle ou totale des biens y suffit pour réprimer les crimes. Chez les Germains, les Gaulois, et les Scandinaves, des amendes plus ou moins fortes étoient les seules peines infligées aux différents délits.

Il n'en est pas de même lorsque les non-propriétaires composent la plus grande partie d'une nation. On ne les gouverne que par des lois dures. Un homme est-il pauvre, ne peut-on le punir dans ses biens ? il faut le punir dans sa personne ; et de là les peines afflictives. Ces peines, d'abord appliquées aux indigents, sont, par le laps du temps, étendues jusqu'aux propriétaires ; et tous les citoyens sont alors régis par des lois de sang : tout concourt à les établir.

Chaque citoyen possede-t-il quelque bien dans un état ? le desir de la conservation est sans contredit le vœu général d'une nation; il s'y fait peu de vols. Le grand nombre, au contraire, y vit-il sans propriétés ? le vol devient le vœu général de cette même nation, et les brigands se multiplient. Or, cet esprit de vol généralement répandu nécessite souvent à des actes de violence.

Supposons que, par la lenteur des procédures criminelles, et la facilité avec laquelle l'homme sans propriété se transporte d'un lieu à l'autre, le coupable doive presque toujours échapper au châtiment, et que les crimes deviennent fréquents; il faudra pour les prévenir pouvoir arrêter un citoyen sur le premier soupçon. Arrêter est déja une punition arbitraire qui, bientôt exercée sur les propriétaires eux-mêmes, substitue l'esclavage à la liberté. Quel remede à cette maladie de l'état? Le seul que je sache seroit de multiplier le nombre des propriétaires, et de faire un nouveau partage des terres. Mais ce partage est-il possible dans l'exécution? Voilà comme l'inégale répartition des richesses nationales, et la trop grande multiplication des hommes sans propriété, introduisant à-la-fois dans un empire des vices et des lois cruelles, y développent enfin le germe d'un despotisme qu'on doit regarder comme un nouvel effet de la même cause (a).

(a) Les malheurs occasionnés par une extrême population ont été connus des

Un peuple nombreux n'est-il point, comme les Grecs et les Suisses, divisé en un certain nombre de républiques fédératives ; ne compose-t-il, comme en Angleterre, qu'un seul et même peuple ? alors les citoyens, en trop grand nombre et trop éloignés les uns des autres pour y délibérer sur les affaires générales, sont forcés de nommer des représentants pour chaque bourg, ville, province, etc. Ces

anciens. En conséquence, point de moyens qu'ils n'aient employés pour la diminuer. L'amour socratique en Crete en fut un. Cet amour, dit M. Goguet conseiller au parlement, y étoit autorisé par les lois de Minos.

Un jeune homme loué pour tant de temps s'échappoit-il de la maison de son amant ? il étoit cité devant le magistrat, et, par l'autorité des lois, remis jusqu'au temps convenu entre les mains de ce

représentants s'assemblent dans la capitale, et c'est là qu'ils séparent leur intérêt de l'intérêt des représentés.

même amant. Le motif de cette loi bizarre, disent Platon et Aristote, fut en Crete la crainte d'une trop grande population. Ce fut dans cette même vue que Pythagore commanda à ses disciples le jeûne et l'abstinence. Les jeûneurs font peu d'enfants. Il seroit plaisant que nos moines, asservis par la même raison à la loi de la continence, ne fussent que les représentants des anciens pédérastes.

CHAPITRE VIII.

Division d'intérêt des citoyens produite par leur multiplication.

Du moment où les citoyens trop multipliés dans un état pour se rassembler dans un même lieu ont nommé des représentants, ces représentants, tirés du corps même de la nation, choisis par elle, honorés de ce choix, ne proposent d'abord que des lois conformes à l'intérêt public. Le droit de propriété est pour eux un droit sacré. Ils le respectent d'autant plus, que, surveillés par la nation, s'ils en trahissoient la confiance, ils en seroient punis par le déshonneur, et peut-être par un châtiment plus sévere.

C'est donc au moment où, comme

je l'ai déja dit, les peuples ont édifié une capitale immense; où les intérêts compliqués des différents ordres de l'état ont multiplié les lois; où, pour se soustraire à leur étude fatigante, les peuples se reposent de ce soin sur leurs représentants; où les habitants enfin, uniquement occupés de mettre leurs terres en valeur, cessent d'être citoyens, et ne sont qu'agriculteurs, que le représentant sépare son intérêt de celui des représentés. C'est alors que la paresse de l'esprit dans les commettants, le desir actif du pouvoir dans les commis, annoncent un grand changement dans l'état. Tout en ce moment favorise l'ambition de ces derniers.

Lorsqu'en conséquence de la multiplication de ses habitants un peuple se subdivise en plusieurs classes, et que l'on compte dans la même nation celle des riches, des indigents, des propriétaires, des négociants, etc., il n'est pas possible que les intérêts de ces divers ordres de citoyens soient toujours les mêmes. Rien à certains égards de plus contraire à l'intérêt national qu'un trop grand nombre d'hommes sans propriétés. Ce sont autant d'ennemis secrets que le tyran peut à son gré armer contre les propriétaires. Cependant rien de plus conforme à l'intérêt du négociant. Plus il est d'indigents, moins il paie leur travail. L'intérêt du commerçant est donc quelquefois contraire à l'intérêt public. Or, un corps de négociants est souvent le puissant dans un pays de commerce. Il a sous ses ordres un nombre infini de matelots, d'artisans, de porte-faix, d'ouvriers de toute espece, qui, n'ayant d'autres richesses que leurs bras, sont toujours prêts à les employer au service de quiconque les paie.

Un peuple compose-t-il sous un même nom une infinité de peuples différents, et dont les intérêts sont plus ou moins contradictoires ? il est évident que, faute d'unité dans l'intérêt national, et d'unanimité réelle dans les arrêtés des divers ordres des commettants, le représentant, favorisant tour-à-tour telle ou telle classe de citoyens, peut, en semant entre elles la division, se rendre d'autant plus redoutable à toutes, qu'en armant une partie de la nation contre l'autre, il se met par ce moyen à l'abri de toute recherche.

L'impunité lui a-t-elle donné plus de considération et de hardiesse ? il sent enfin qu'au milieu de l'anarchie des intérêts nationaux il peut de jour en jour devenir plus indépendant, s'approprier de jour en jour plus d'autorité et de richesses ; qu'avec de grandes richesses il peut soudoyer ceux qui, sans propriétés, se vendent à quiconque veut les acheter ; et que l'acquisition de tout nouveau degré d'autorité doit lui fournir de nouveaux moyens d'en usurper une plus grande.

Lorsqu'animés de cet espoir les représentants ont, par une conduite aussi mal-honnête qu'adroite, acquis un pouvoir égal à celui de la nation entiere, de ce moment il se fait une division d'intérêts entre la partie gouvernante et la partie gouvernée. Tant que la derniere est composée de propriétaires aisés, braves, éclairés, en état d'ébranler et peut-être même de détruire l'autorité des représentants, le corps de la nation est ménagé ; il est même florissant. Mais cet équilibre de puissance peut-il subsister long-temps entre ces deux ordres de citoyens? N'est-il pas à craindre que les richesses s'accumulant insensiblement dans un plus petit nombre de mains, le nombre des propriétaires, seuls soutiens de la liberté publique, ne diminue journellement (a); que l'esprit d'usurpation, toujours plus actif dans les représentants que l'esprit de conservation et de défense dans les représentés, ne mette, à la longue, la balance du pouvoir en

(a) Un homme s'enrichit-il dans le commerce? il réunit une infinité de petites propriétés à la sienne. Alors le nombre des propriétaires, et par conséquent de ceux dont l'intérêt est le plus étroitement lié à l'intérêt national, est diminué; le nombre, au contraire, des hommes sans propriété et sans intérêt à la chose publique s'est accru. Si de tels hommes

faveur des premiers ? Quelle autre cause du despotisme auquel ont jusqu'à présent abouti toutes les différentes especes de gouvernement ?

Ne sent-on pas qu'en un pays vaste et peuplé la division des intérêts des gouvernés doit toujours fournir aux gouvernants le moyen d'envahir une autorité que l'amour naturel de l'homme pour le pouvoir lui fait toujours desirer ? Tous les empires se sont détruits ; et c'est du moment où les nations, devenues nombreuses, ont

sont toujours aux gages de quiconque les paie, comment se persuader que le puissant ne s'en serve jamais pour se soumettre ses concitoyens ? Tel est l'effet nécessaire de la trop grande multiplication des hommes dans un empire. C'est le cercle vicieux qu'ont jusqu'à présent parcouru tous les divers gouvernements connus.

été gouvernées par des représentants, où ces représentants, favorisés par la division des intérêts des commettants, ont pu s'en rendre indépendants, qu'on doit dater la décadence de ces empires.

En tous les pays, la grande multiplication des hommes fut la cause inconnue, nécessaire et éloignée, de la perte des mœurs (a). Si les nations de l'Asie, toujours citées comme les plus corrompues, reçurent les premieres le joug du despotisme, c'est

(a) Mais n'est-il point de loi qui pût prévenir les funestes effets de la trop grande multiplication des hommes, et lier étroitement l'intérêt du représentant à l'intérêt du représenté? En Angleterre, ces deux intérêts sans doute sont plus les mêmes qu'en Turquie, où le sultan se déclare l'unique représentant de sa nation. Mais s'il est des

que de toutes les parties du monde l'Asie fut la premiere habitée et policée.

Son extrême population la soumit à des souverains. Ces souverains accumulerent les richesses de l'état sur un petit nombre de grands, les revêtirent d'un pouvoir excessif; et ces grands alors se plongerent dans ce luxe, languirent dans cette corruption, c'est-à-dire dans cette indifférence pour le bien public, que l'histoire a toujours si justement reprochés aux Asiatiques.

formes de gouvernement plus favorables les unes que les autres à l'union de l'intérêt public et particulier, il n'en est aucune où ce grand problême moral et politique ait été parfaitement résolu. Jusqu'à son entiere résolution, la seule multiplication des hommes doit en tout empire engendrer la corruption des mœurs.

Après avoir rapidement considéré les grandes causes dont le développement vivifie les sociétés depuis le moment de leur formation jusqu'au moment de leur décadence ; après avoir indiqué les situations et les états différents par lesquels passent ces sociétés pour tomber enfin sous le pouvoir arbitraire ; il faut maintenant examiner pourquoi, ce pouvoir une fois établi, il se fait dans les nations une répartition de richesses qui, plus inégale et plus prompte dans le gouvernement despotique que dans tout autre, les précipite plus rapidement à leur ruine.

CHAPITRE IX.

Du partage trop inégal des richesses nationales.

Point de forme de gouvernement où maintenant les richesses nationales soient et puissent être également réparties. Se flatter de cet égal partage chez un peuple soumis au pouvoir arbitraire, c'est folie.

Dans les gouvernements despotiques, si les richesses de tout un peuple s'absorbent dans un petit nombre de familles, la cause en est simple. Les peuples reconnoissent-ils un maître ? peut-il arbitrairement leur imposer des taxes, transporter à son gré les biens d'une certaine classe de citoyens à une autre ? il faut qu'en peu de temps les richesses de l'empire se rassemblent dans les mains des favoris (a). Mais quel bien ce mal de l'état fait-il au prince ? Le voici :

Un despote, en qualité d'homme, s'aime de préférence aux autres. Il veut être heureux, et sent, comme le particulier, qu'il participe à la joie et à la tristesse de tout ce qui l'environne. Son intérêt, c'est que ses gens,

(a) Plus le prince croît en pouvoir, moins il est accessible. Sous le vain prétexte de rendre la personne royale plus respectable, les favoris la voilent à tous les yeux; l'approche en est interdite aux sujets; le monarque devient un dieu invisible. Quel est dans cette apothéose l'objet des favoris ? Celui d'abrutir le prince pour le gouverner. Ils le releguent donc à cet effet dans un serrail, ou le renferment dans leur petite société; et toutes les richesses nationales s'absorbent alors dans un très petit nombre de familles.

6.

c'est-à-dire ses courtisans, soient contents. Leur soif pour l'or est insatiable. S'ils sont à cet égard sans pudeur, comment leur refuser sans cesse ce qu'ils lui demandent toujours ? Voudra-t-il constamment mécontenter ses familiers, et s'exposer au chagrin communicatif de tout ce qui l'entoure? Peu d'hommes ont ce courage. Il vuidera donc perpétuellement la bourse de ses peuples dans celle de ses courtisans ; et c'est entre ses favoris qu'il partagera presque toutes les richesses de l'état. Ce partage fait, quelles bornes mettre à leur luxe ? Plus il est grand, et plus, dans la situation où se trouve alors un empire, ce luxe est utile. Le mal n'est que dans sa cause productrice, c'est-à-dire dans le partage trop inégal des richesses nationales, et dans la puissance excessive du prince, qui, peu instruit de ses devoirs, et prodigue par foiblesse, se croit généreux lorsqu'il est injuste (12).

Mais le cri de la misere ne peut-il l'avertir de sa méprise? Le trône où s'assied un sultan est inaccessible aux plaintes de ses sujets; elles ne parviennent point jusqu'à lui. D'ailleurs que lui importe leur félicité, si leur mécontentement n'a nulle influence immédiate sur son bonheur actuel?

Le luxe, comme je le prouve, est, dans la plupart des pays, l'effet rapide et nécessaire du despotisme. C'est donc contre le despotisme que doivent s'élever les ennemis du luxe (13). Pour supprimer un effet il faut en détruire la cause. Le seul moyen d'opérer en ce genre quelque changement heureux, c'est par un changement insensible dans les lois et l'administration (14).

Il faudroit, pour le bonheur même du prince et de sa postérité, fixer, en fait d'impôts, les limites immuables qu'on ne doit jamais reculer. Du moment où la loi, comme un obstacle insurmontable, s'opposera à la prodigalité du monarque, les courtisans mettront des bornes à leurs desirs et à leurs demandes ; ils n'exigeront point ce qu'ils ne pourront obtenir.

Le prince en sera-t-il moins heureux ? Il aura sans doute près de lui moins de courtisans, et des courtisans moins bas ; mais leur bassesse n'est peut-être pas si nécessaire qu'on le croit à sa félicité. Les favoris d'un roi sont-ils libres et vertueux ? le souverain s'accoutume insensiblement à leur vertu : il ne s'en trouve pas plus mal, et ses peuples en sont beaucoup mieux.

CHAPITRE X.

Causes de la trop grande inégalité des fortunes des citoyens.

Dans les pays libres, et gouvernés par des lois sages, nul homme, sans doute, n'a le pouvoir d'appauvrir sa nation pour enrichir quelques particuliers. Cependant tous les citoyens n'y jouissent pas de la même fortune. La réunion des richesses s'y fait plus lentement; mais enfin elle s'y fait.

Il faut bien que le plus industrieux gagne plus, que le plus ménager épargne davantage, et qu'avec des richesses déja acquises il en acquiere de nouvelles. D'ailleurs il est des héritiers qui recueillent de grandes successions; il est des négociants qui, mettant de gros fonds sur leurs vaisseaux, font de gros gains; parcequ'en toute espece de commerce c'est l'argent qui attire l'argent. Son inégale distribution est donc une suite nécessaire de son introduction dans un état (15).

CHAPITRE XI.

Des moyens de s'opposer à la réunion trop rapide des richesses en peu de mains.

Il est des moyens d'opérer en partie cet effet par de bonnes lois sur les testaments et sur les successions. Il est encore d'autres moyens, qu'il seroit trop long de discuter, et qui m'écarteroient trop du but que je me propose.

Mais peut-on, dans un pays où l'argent a cours, se promettre de maintenir toujours un juste équilibre entre les fortunes des citoyens ? Peut-on empêcher qu'à la longue les richesses ne s'y distribuent d'une maniere très inégale, et qu'enfin le luxe ne s'y introduise et ne s'y accroisse ? Ce projet est impossible. Le riche, fourni du nécessaire, mettra toujours le superflu de son argent à l'achat des superfluités (16). Des lois somptuaires réprimeroient-elles en lui ce desir ? alors le riche n'ayant plus le libre usage de son argent, l'argent lui en paroîtroit moins desirable ; il feroit moins d'efforts pour en acquérir. Dans tout pays où l'argent a cours, peut-être l'amour de l'argent, comme je le prouverai ci-après, est-il un principe de vie et d'activité dont la destruction entraîneroit celle de l'état.

Considérons l'état différent de deux

nations chez lesquelles l'argent a ou n'a pas cours.

CHAPITRE XII.

Du pays où l'argent n'a point cours.

L'ARGENT est-il sans valeur dans un pays ? quel moyen d'y faire le commerce ? Par échange. Mais les échanges sont incommodes. Aussi s'y fait-il peu de ventes, peu d'achats, et point d'ouvrages de luxe. Les habitants de ce pays peuvent être sainement nourris, bien vêtus, et non connoître ce qu'en France on appelle le luxe.

Mais un peuple sans argent et sans luxe auroit, à certains égards, des avantages sur un peuple opulent; et ces avantages sont tels, qu'en un pays où l'on ignoreroit le prix de l'argent peut-être ne pourroit-on l'y introduire sans crime.

Un peuple sans argent, s'il est éclairé, est communément un peuple sans tyrans (a). Le pouvoir arbitraire s'établit difficilement dans un royaume sans canaux, sans commerce, et sans grands chemins. Le prince qui leve ses impôts en nature, c'est-à-dire en denrées, peut rarement soudoyer et rassembler le nombre d'hommes nécessaire pour mettre une nation aux fers.

Un prince d'orient se fût difficilement assis et soutenu sur le trône de

---

(a) On pourroit dire aussi sans ennemis. Qui se proposera d'attaquer un pays où l'on ne peut gagner que des coups? On sait d'ailleurs qu'un peuple tel que les Lacédémoniens, par exemple, est invincible s'il est nombreux.

Sparte, ou de Rome naissante. Or, si le despotisme est le plus cruel fléau des nations, et la source la plus féconde de leurs malheurs ; la non-introduction de l'argent, qui communément les défend de la tyrannie, peut donc être regardée comme un bien.

Mais jouissoit-on à Sparte de certaines commodités de la vie ? Ô riches et puissants qui faites cette question, ignorez-vous que les pays de luxe sont ceux où les peuples sont le plus misérables ? Seroit-ce en effet la somptuosité des ameublements et les recherches de la mollesse qui constitueroient la félicité humaine ? Il y auroit trop peu d'heureux. Placera-t-on le bonheur dans la délicatesse de la table ? Mais la différente cuisine des nations prouve que la bonne chere n'est que la chere accoutumée.

Si des mets bien apprêtés irritent mon appétit, et me donnent quelques sensations agréables, ils me donnent aussi des pesanteurs, des maladies; et, tout compensé, le tempérant est au bout de l'an du moins aussi heureux que le gourmand. Quiconque a faim et peut satisfaire ce besoin est content (a). Un homme est-il bien nourri, bien vêtu? le surplus de son bonheur dépend de la maniere plus ou moins agréable dont il remplit, comme je le prouverai bientôt, *l'intervalle qui sépare un besoin satisfait d'un besoin renaissant.*

(a) Le paysan a-t-il du lard et des choux dans son pot? il ne desire ni la gélinote des Alpes, ni la carpe du Rhin, ni l'ombre du lac de Geneve. Aucun de ces mets ne lui manque.

CHAPITRE XIII.

Quels sont dans les pays où l'argent n'a point cours les principes productifs de la vertu.

Dans tout gouvernement, le principe le plus fécond en vertus est l'exactitude à punir et à récompenser les actions nuisibles ou utiles à la société.

Mais en quels pays ces actions sont-elles le plus exactement honorées et punies? Dans ceux où la gloire, l'estime générale, et les avantages attachés à cette estime, sont les seules récompenses connues. Dans ces pays, la nation est l'unique et juste dispensatrice des récompenses ; la considération générale, ce don de la reconnoissance publique, n'y peut être accordée qu'aux idées et aux actions utiles à la nation ; et tout citoyen, en conséquence, s'y trouve nécessité à la vertu.

Dans un pays où l'argent a cours, le public n'y peut être le seul possesseur des richesses, ni par conséquent l'unique distributeur des récompenses. Quiconque a de l'argent peut en donner, et le donne communément à la personne qui lui procure le plus de plaisir. Cette personne n'est pas quelquefois la plus honnête. En effet, si l'homme veut toujours obtenir avec le plus de sûreté et le moins de peine possible l'objet de ses desirs (17), et qu'il soit plus facile de se rendre agréable aux puissants que recommandable au public, c'est donc au puissant qu'en général on veut plaire. Mais si l'intérêt du puissant est souvent contraire à l'intérêt national, les plus grandes récompenses seront donc, en certains pays, souvent décernées aux actions qui, personnellement utiles aux grands, sont nuisibles au public, et par conséquent criminelles. Voilà pourquoi les richesses y sont si souvent accumulées sur des hommes accusés de bassesses, d'intrigues, d'espionnage, etc.; voilà pourquoi les récompenses pécuniaires, presque toujours accordées au vice (18), y produisent tant de vicieux; et pourquoi l'argent a toujours été regardé comme une source de corruption.

Je conviens donc qu'à la tête d'une nouvelle colonie, si j'allois fonder un nouvel empire, et que je pusse à mon choix enflammer mes colons de la passion de la gloire ou de l'argent, c'est celle de la gloire que je devrois leur inspirer. C'est en faisant de l'estime publique et des avantages attachés à cette estime le principe d'activité de ces nouveaux citoyens, que je les nécessiterois à la vertu.

Dans un pays où l'argent n'a point cours, il est facile d'entretenir l'ordre et l'harmonie, d'encourager les talents et les vertus, et d'en bannir les vices. On entrevoit même en ce pays la possibilité d'une législation inaltérable, et qui, supposée bonne, conserveroit toujours les citoyens dans le même état de bonheur. Cette possibilité disparoît dans les pays où l'argent a cours. Peut-être le problème d'une législation parfaite et durable y devient-il trop compliqué pour pouvoir être encore résolu. Ce que je sais, c'est que l'amour de l'argent y étouffant tout esprit, toute vertu patriotique, y doit à la longue engendrer tous les vices, dont il est trop souvent la récompense.

Mais convenir que dans l'établissement d'une nouvelle colonie on doit s'opposer à l'introduction de l'argent, c'est convenir avec les moralistes austeres du danger du luxe. Non ; c'est avouer simplement que la cause du luxe, c'est-à-dire le partage trop inégal des richesses, est un mal (19). C'en est un en effet ; et le luxe est, à certains égards, le remede à ce mal. Au moment de la formation d'une société l'on peut sans doute se proposer d'en bannir l'argent ; mais peut-on comparer l'état d'une telle société à celui où se trouvent maintenant la plupart des nations de l'Europe ?

Seroit-ce dans des contrées à moitié soumises au despotisme, où l'argent eut toujours cours, où les richesses sont déja rassemblées en un petit nombre de mains, qu'un esprit sensé formeroit un pareil projet ? Supposons le projet exécuté, supposons l'usage et l'introduction de l'argent défendus dans un pays; qu'en résulteroit-il?

CHAPITRE XIV.

Des pays où l'argent a cours.

Chez les peuples riches, s'il est beaucoup de vicieux, c'est qu'il est beaucoup de récompenses pour le vice; s'il s'y fait communément un grand commerce, c'est que l'argent y facilite les échanges; si le luxe s'y montre dans toute sa pompe, c'est que la très inégale répartition des richesses produit le luxe le plus apparent, et qu'alors, pour le bannir d'un état, il faudroit, comme je l'ai prouvé, en bannir l'argent. Nul prince ne peut concevoir un tel dessein; et, supposé qu'il le conçût, nulle nation, dans l'état actuel

de l'Europe, qui se prêtât à ses desirs:
Je veux cependant qu'humble disciple
d'un moraliste austere un monarque
forme ce projet, et l'exécute; que
s'ensuivroit-il? La dépopulation presque entiere de l'état. Qu'en France,
par exemple, on défende, comme à
Sparte, l'introduction de l'argent, et
l'usage de tout meuble non fait avec
la hache ou la serpe ; alors le maçon,
l'architecte, le sculpteur, le serrurier
de luxe, le charron, le vernisseur, le
perruquier, l'ébéniste, la fileuse,
l'ouvrier en toile, en laine fine, en
dentelles, soieries, etc. (a), abandonneroient la France, et chercheroient un pays qui les nourrît. Le
nombre de ces exilés volontaires mon-

(a) Dans cette supposition, ces ouvriers
reprendroient les travaux de la campagne,
et se feroient charretiers, bûcherons, etc.
Ils n'en feroient rien. D'ailleurs, où trou-

teroit peut-être en ce royaume au quart de ses habitants. Mais si le nombre des laboureurs et des artisans grossiers que suppose la culture se proportionne toujours au nombre des consommateurs, l'exil des ouvriers de luxe entraînera donc à sa suite celui de beaucoup d'agriculteurs. Les hommes opulents, fuyant avec leurs richesses chez l'étranger, seront suivis dans leur exil d'un certain nombre de leurs concitoyens et d'un grand nombre de domestiques. La France alors sera déserte. Quels seront ses habitants ? Quelques laboureurs, dont le nombre, depuis l'invention de la charrue, sera bien moins considérable qu'il l'eût été lors de la culture à la

ver de l'emploi dans un pays déja fourni à-peu-près du nombre de charretiers et de bûcherons nécessaire pour labourer les plaines et couper le bois ?

beche. Dans cet état de dépopulation et d'indigence, que deviendroit ce royaume? Porteroit-il la guerre chez ses voisins? il seroit sans argent (20). La soutiendroit-il sur son territoire? il seroit sans hommes. D'ailleurs, la France n'étant pas, comme la Suisse, défendue par des montagnes inaccessibles, comment imaginer qu'un royaume dépeuplé, ouvert de toutes parts, attaquable en Flandre et en Allemagne, pût repousser le choc d'une nation nombreuse? Il faudroit pour y résister que les Français, par leur courage et leur discipline, eussent sur leurs voisins le même avantage que les Grecs avoient jadis sur les Perses, ou que les Français conservent encore aujourd'hui sur les Indiens. Mais aucune nation européenne n'a cette supériorité sur les autres.

La France, dévastée et sans argent, seroit donc exposée au danger presque certain d'une invasion. Est-il un prince qui voulût à ce prix bannir les richesses et le luxe de son état?

CHAPITRE XV.

Du moment où les richesses se retirent d'elles-mêmes d'un empire.

IL n'est point de pays où les richesses se fixent, et puissent à jamais se fixer. Semblables aux mers qui tour-à-tour inondent et découvrent différentes plages, les richesses, après avoir porté l'abondance et le luxe chez certaines nations, s'en retirent pour se répandre dans d'autres contrées (21). Elles s'accumulerent jadis à Tyr et à Sidon, passerent ensuite à Carthage, puis à Rome. Elles séjournent maintenant en Angleterre. S'y arrêteront-elles ? Je l'ignore. Ce que je sais, c'est qu'un peuple enrichi par son commerce et son industrie appauvrit ses voisins, et les met à la longue hors d'état d'acheter ses marchandises ; c'est que, dans une nation riche, l'argent et les papiers représentatifs de l'argent se multipliant peu-à-peu, les denrées et la main-d'œuvre enchérissent (a). C'est que, toutes choses d'ailleurs égales, la nation opulente ne pouvant fournir ses denrées et marchandises au prix d'une nation pauvre, l'argent de la premiere doit insensiblement passer aux mains de la seconde (b), qui, devenue opulente à son tour,

(a) On sait quelle augmentation subite apporta dans le prix des denrées le transport de l'or américain en Europe.

(b) La main-d'œuvre devenue très chere chez une nation riche, cette nation tire

se ruine de la même maniere (22).

Telle est peut-être la principale cause du flux et du reflux des richesses dans les empires. Or, les richesses, en se retirant d'un pays où elles ont séjourné, y déposent presque toujours la fange de la bassesse et du despotisme. Une nation riche qui s'appauvrit passe rapidement du dépérissement à sa destruction entiere. L'unique ressource qui lui reste seroit de reprendre des mœurs mâles, les seules convenables à sa pauvreté (23). Mais rien de plus rare que ce phénomene moral : l'histoire ne nous en offre point d'exemple. Une nation tombe-t-elle de la richesse dans l'indigence ? cette nation n'attend plus qu'un vainqueur et des fers. Il fau-

plus de l'étranger qu'elle ne lui porte ; elle doit donc s'appauvrir en plus ou moins de temps.

droit, pour l'arracher à ce malheur, qu'en elle l'amour de la gloire pût remplacer celui de l'argent. Des peuples anciennement policés et commerçants sont peu susceptibles de ce premier amour ; et toute loi qui refroidiroit en eux le desir des richesses hâteroit leur ruine.

Dans le corps politique, comme dans le corps humain, il faut une ame, un esprit, qui le vivifie et le mette en action.

CHAPITRE XVI.

Des divers principes d'activité des nations.

Parmi les hommes, en est-il sans desirs ? Presque aucun. Parmi ces desirs, il en est deux qui leur sont communs : le premier est celui du bonheur; le second, celui de la puissance nécessaire pour se le procurer. Ai-je un goût? je veux pouvoir le satisfaire. Le desir du pouvoir, comme je l'ai prouvé, est donc nécessairement commun à tous. Par quel moyen acquiert-on du pouvoir sur ses concitoyens? Par la crainte dont on les frappe, ou par l'amour qu'on leur inspire, c'est-à-dire par les biens et les maux qu'on leur peut faire; et de là la considération conçue pour le fort, ou méchant, ou vertueux.

Mais, dans un pays libre où l'argent n'a point cours, quel avantage cette considération procure-t-elle au héros qui, par exemple, contribue le plus au gain d'une bataille? Elle lui donne le choix sur les dépouilles ennemies : elle lui assigne pour récompense la plus belle esclave, le meilleur cheval, le plus riche tapis, le plus beau char, la plus belle armure (24). Dans une nation libre, la considération et l'estime publique est un pouvoir (a), et le desir de cette estime y devient en conséquence un principe puissant d'activité. Mais ce principe moteur est-il celui d'un peuple soumis au despotisme, d'un peuple où l'argent a cours, où le public est sans puissance, où son estime n'est représentative d'aucune espece de plaisir et de pouvoir ? Dans ce pays, les deux seuls objets du desir des citoyens sont, l'un, la faveur du despote, et l'autre, de grandes richesses, à la possession desquelles chacun peut aspirer.

Leur source, dira-t-on, est souvent infecte. L'amour de l'argent est déstructif de l'amour de la patrie, des

(a) Cette estime est réellement un pouvoir que les anciens désignoient par le mot *auctoritas*.

SECTION VI, CHAP. XVI. 91

talents, et de la vertu (25). Je le sais : mais comment imaginer qu'on puisse mépriser l'argent qui soulagera l'homme dans ses besoins, qui le soustraira à des peines, et lui procurera des plaisirs? Il est des pays où l'amour de l'argent devient le principe de l'activité nationale, où cet amour, par conséquent, est salutaire. Le plus vicieux des gouvernements est un gouvernement sans principe moteur (26). Un peuple sans objet de desirs est sans action : il est le mépris de ses voisins. Cependant leur estime importe plus qu'on ne pense à sa prospérité (27).

En tout empire où l'argent a cours, où le mérite ne conduit ni aux honneurs ni au pouvoir, que le magistrat se garde bien d'affoiblir ou d'éteindre dans les citoyens le desir de l'argent et du luxe. Il étoufferoit en eux tout principe de mouvement et d'action.

CHAPITRE XVII.

De l'argent considéré comme principe d'activité.

L'ARGENT et les papiers représentatifs de l'argent facilitent les emprunts. Tous les gouvernements abusent de cette facilité. Par-tout les emprunts se sont multipliés, les intérêts se sont grossis; il a fallu pour les payer accumuler impôts sur impôts. Leur fardeau accable maintenant les empires les plus puissants de l'Europe; et ce mal cependant n'est pas le plus grand qu'ait produit le desir et de l'argent et des papiers représentatifs de cet argent.

L'amour des richesses ne s'étend point à toutes les classes des citoyens sans inspirer à la partie gouvernante le desir du vol et des vexations (28). Dès lors, la construction d'un port, un armement, une compagnie de commerce, une guerre entreprise, dit-on, pour l'honneur de la nation, enfin tout prétexte de la piller est avidement saisi. Alors tous les vices, enfants de la cupidité, s'introduisant à-la-fois dans un empire, en infectent successivement tous les membres, et le précipitent enfin à sa ruine.

Quel spécifique à ce mal? Je n'en connois aucun.

Le sang, qui porte la nutrition dans tous les membres de l'enfant, et qui successivement en développe toutes les parties, est un principe de déstruction. La circulation du sang ossifie à la longue les vaisseaux, elle en anéantit les ressorts, et devient un germe de mort. Cependant qui la suspendroit en seroit sur-le-champ puni;

la stagnation d'un instant seroit suivie de la perte de la vie. Il en est de même de l'argent. Le desire-t-on vivement ? ce desir vivifie une nation, éveille son industrie, anime son commerce, accroît ses richesses et sa puissance ; et la stagnation, si je l'ose dire, de ce desir seroit mortelle à certains états.

Mais les richesses, en abandonnant les empires où elles se sont d'abord accumulées, n'en occasionnent-elles pas la ruine ? et, tôt ou tard rassemblées dans un petit nombre de mains, ne détachent-elles pas l'intérêt particulier de l'intérêt public ? Oui, sans doute. Mais, dans la forme actuelle des gouvernements, peut-être ce mal est-il inévitable ; peut-être est-ce à cette époque qu'un empire, s'affoiblissant de jour en jour, tombe dans un affaissement précurseur d'une entiere destruction; et peut-être est-ce ainsi que doit germer, croître, s'élever et mourir, la plante morale nommée empire.

CHAPITRE XVIII.

Ce n'est point dans le luxe, mais dans sa cause productrice, qu'est le principe destructeur des empires.

Que conclure de l'examen rapide de la question que je traite ? Que presque toutes les accusations intentées contre le luxe sont sans fondement; que, des deux espèces de luxe citées au chapitre V, il en est une qui, toujours l'effet de la trop grande multiplication des hommes, et de la forme despotique de leurs gouvernements, suppose une très inégale répartition des richesses nationales ; que cette répartition est sans doute un grand mal ; mais qu'une fois établie le luxe devient, sinon un remede efficace, du moins un palliatif à ce mal (29). C'est la magnificence des grands qui reporte journellement l'argent et la vie dans la classe inférieure des citoyens.

L'emportement des moralistes contre le luxe est l'effet de leur ignorance. Que cet emportement trouve place dans un sermon : un sermon n'exige aucune précision dans les idées.

Ce que le bon sens examine, la sottise du prédicateur le décide. Malheur au prince qui, sans des changemens préalables dans la forme du gouvernement, tenteroit de bannir tout luxe d'une nation dont l'amour de l'argent est le principe d'activité ! Il auroit bientôt dépeuplé son pays, énervé l'industrie de ses sujets, et jeté les esprits dans une langueur fatale à sa puissance.

On peut regarder ces idées premieres, et peut-être encore superficielles, qu'occasionne la question du luxe, comme un exemple des points de vue divers sous lesquels on doit considérer tout problême important et compliqué de la morale. Si l'on sent toute l'influence que doit avoir sur le bonheur public la solution plus ou moins exacte de pareils problêmes, et la scrupuleuse attention qu'on doit à leur examen, on sentira que qui se montre protecteur de l'ignorance se déclare l'ennemi de l'état, et, sans le savoir, commet le crime de lese-humanité.

Chez tous les peuples, il est une

dépendance réciproque entre la perfection de la législation et les progrès de l'esprit humain. Plus les citoyens seront éclairés, plus leurs lois seront parfaites. C'est de leur seule bonté, comme je vais le prouver, que dépend la félicité publique.

NOTES.

(1) La haine d'un peuple ignorant pour l'application s'étend jusqu'à ses amusements. Aime-t-il le jeu? il ne joue que les jeux de hasard. Aime-t-il les opéra? c'est, pour ainsi dire, des poëmes sans paroles qu'il demande. Peu lui importe que son esprit soit occupé; il suffit que ses oreilles soient frappées de sons agréables. Entre tous les plaisirs, ceux qu'il préfere sont ceux qui ne supposent ni esprit ni connoissances.

(2) En Angleterre, pourquoi les grands sont-ils en général plus éclairés qu'en tout autre pays? C'est qu'ils ont intérêt de l'être. En Portugal, au contraire, pourquoi sont-ils si souvent ignorants et stupides? C'est que nul intérêt ne les nécessite à s'instruire. La science des premiers est celle de l'homme et du gouvernement; celle des seconds est la

science du lever, du coucher, et des voyages des princes.

Mais les Anglais ont-ils porté dans la morale et la politique toutes les lumieres qu'on devoit attendre d'un peuple aussi libre ? J'en doute. Enivrés de leur gloire, les Anglais ne soupçonnent point de défaut dans leur gouvernement actuel. Peut-être les écrivains français ont-ils eu sur cet objet des vues plus profondes et plus étendues. Il est deux causes de cet effet.

La premiere est l'état de la France. Le malheur n'est-il pas encore excessif en un pays ? n'a-t-il pas entièrement abattu les esprits ? il les éclaire, et devient dans l'homme un principe d'activité. Souffre-t-on ? l'on veut s'arracher à la douleur, et ce desir est inventif.

La seconde est peut-être le peu de liberté dont jouissent en France les écrivains. L'homme en place fait-il une injustice, une bévue ? il faut la respecter. La plainte est en ce royaume le crime le plus puni. Y veut-on écrire sur les matieres d'administration? il faut pour cet effet remonter en morale et en politique jusqu'à ces principes simples et généraux dont le développement indique d'une maniere éloignée la route que le gouvernement doit tenir pour faire le bien. Les écrivains français ont présenté en ce genre les idées les plus grandes et les plus étendues. Ils se sont par cette raison rendus plus universellement utiles que les écrivains anglais. Ces derniers, n'ayant pas les mêmes motifs pour s'élever à des principes généraux et premiers, font de bons ouvrages, mais presque uniquement applicables à la forme particuliere de leur gouvernement, aux circonstances présentes, et enfin à l'affaire du jour.

(5) Il n'est point à Londres d'ouvrier, de porteur de chaise, qui ne lise les gazettes, qui ne soupçonne la vénalité de ses représentants, et ne croie en conséquence devoir s'instruire de ses

droits en qualité de citoyen. Aussi nul membre du parlement n'oseroit y proposer une loi directement contraire à la liberté nationale. S'il le faisoit, ce membre, cité par le parti de l'opposition et les papiers publics devant le peuple, seroit exposé à sa vengeance. Le corps du parlement est donc contenu par la nation. Nul bras maintenant assez fort pour enchaîner un pareil peuple. Son asservissement est donc éloigné. Est-il impossible ? Je ne l'assurerai point. Peut-être ses immenses richesses présagent-elles déja cet évènement futur.

(4) Le dernier roi de Danemarck doutoit sans contredit de la légitimité du pouvoir despotique, lorsqu'il permit à des écrivains célebres de discuter à cet égard ses droits, ses prétentions, et d'examiner les limites que l'intérêt public devoit mettre à sa puissance. Quelle magnanimité dans un souverain ! Son autorité en fut-elle affoiblie ? Non; et cette noble conduite, qui le rendit

cher à son peuple, doit à jamais le rendre respectable à l'humanité.

(5) Dans les siecles héroïques, dans ceux des Hercule, des Thésée, des Fingal, c'étoit par le don d'un riche carquois, d'une épée bien trempée, ou d'une belle esclave, qu'on récompensoit les vertus des guerriers. Du temps de Manlius Capitolinus, c'étoit en agrandissant de deux acres les domaines d'un héros que la patrie s'acquittoit envers lui. La dime d'une paroisse, aujourd'hui cédée au plus vil moine, eût donc jadis été la récompense d'un Scévola ou d'un Horace Coclès. Si c'est en argent qu'on paie aujourd'hui tous les services rendus à la patrie, c'est que l'argent est représentatif de ces anciens dons. L'amour des superfluités fut en tous les temps le moteur de l'homme. Mais quelle maniere d'administrer les dons de la reconnoissance publique? et quelle espèce de superfluités faut-il préférer pour en faire la récompense des talents et de la vertu? C'est un

problème moral également digne de l'attention du ministre et du philosophe.

(6) De grandes richesses sont-elles réparties entre un grand nombre de citoyens ? chacun d'eux vit dans un état d'aisance et de luxe par rapport aux citoyens d'une autre nation, et n'a cependant que peu d'argent à mettre en ce qu'on appelle magnificence. Chez un tel peuple le luxe est, si je l'ose dire, national, mais peu apparent. Au contraire, dans un pays où tout l'argent est rassemblé dans un petit nombre de mains, chacun des riches a beaucoup à mettre en somptuosité. Un tel luxe suppose un partage très inégal des richesses de l'état, et ce partage est sans doute une calamité publique. En est-il ainsi de ce luxe national qui suppose tous les citoyens dans un certain état d'aisance, et par conséquent un partage à-peu-près égal de ces mêmes richesses ? Non : ce luxe, loin d'être un malheur, est un bien public. Le luxe, par consé-

quent, n'est point en lui-même un mal.

(7) On peut, au nombre et sur-tout à l'espece de manufactures d'un pays, juger de la maniere dont les richesses y sont réparties. Tous les citoyens y sont-ils aisés? tous veulent être bien vêtus. Il s'y établit en conséquence un grand nombre de manufactures ni trop fines ni trop grossieres. Les étoffes en sont solides, durables, et bien frappées, parceque les citoyens sont pourvus de l'argent nécessaire pour se vêtir, mais non pour changer souvent d'habits. L'argent d'un royaume est-il au contraire rassemblé dans un petit nombre de mains? la plupart des citoyens languissent dans la misere. L'indigent ne s'habille point, et plusieurs des manufactures dont nous venons de parler tombent. Que substitue-t-on à ces établissements? Quelques manufactures d'étoffes riches, brillantes, et peu durables, parceque l'opulence, honteuse d'user

un habit, veut en changer souvent. C'est ainsi que tout se tient dans un gouvernement.

(8) « Lorsque je vois, disoit un grand
« roi, délicatesse et profusion sur la ta-
« ble du riche, du grand, et du prince,
« je soupçonne disette sur celle du
« peuple. J'aime à savoir mes sujets bien
« nourris, bien vêtus. Je ne tolere la
« pauvreté qu'à la tête de mes régiments.
« La pauvreté est brave, active, intelli-
« gente, parcequ'elle est avide de ri-
« chesses, parcequ'elle poursuit l'or à
« travers les dangers, parceque l'homme
« est plus hardi pour conquérir que pour
« conserver, et le voleur plus courageux
« que le marchand. Ce dernier est plus
« opulent ; il apprécie mieux la vraie
« valeur des richesses : le voleur s'en exa-
« gere toujours le prix. »

(9) L'Angleterre a peu d'étendue, et toute l'Europe la respecte. Quelle preuve plus assurée de la sagesse de son administration, de l'aisance, du courage des

peuples, enfin de ce bonheur national que les législateurs et les philosophes se proposent de procurer aux hommes, les premiers par les lois, les seconds par leurs écrits ?

(10) La dépense et la consommation d'hommes occasionnées par le commerce, la navigation, et l'exercice de certains arts, sont, dit-on, très considérables. Cela est fâcheux, mais nécessaire. Il faut, pour la tranquillité d'un pays très peuplé, ou que la dépense en ce genre soit, si je l'ose dire, égale à la recette, ou que l'état prenne, comme en Suisse, le parti de consommer dans des guerres étrangeres le surplus de ses habitants.

(11) On a dit du luxe qu'il augmentoit l'industrie du laboureur : on a dit vrai. Le laboureur veut-il faire beaucoup d'échanges ? il est obligé pour cet effet d'améliorer son champ, et d'augmenter sa récolte.

(12) De la somme des impôts mis sur les peuples, une partie est destinée à

l'entretien et à l'amusement particulier du souverain ; mais l'autre doit être en entier appliquée aux besoins de l'état. Si le prince est propriétaire de la premiere partie, il n'est qu'administrateur de la seconde : il peut être libéral de l'une, il doit être économe de l'autre. Le trésor public est un dépôt entre les mains du souverain. « Je me croirois indigne du « trône, disoit un grand prince, si, dé- « positaire de la recette des impôts, j'en « distrayois une seule pension pour en- « richir un favori ou un délateur ». Tibere lui-même répétoit souvent à ses favoris: « Je me garderai bien de toucher « au trésor public. Si je l'épuisois en « folles dépenses, il faudroit le remplir, « et pour cet effet avoir recours à des « moyens injustes ; le trône en seroit « ébranlé. »

(13) A quel signe reconnoît-on le luxe vraiment nuisible ? A l'espece de marchandises étalées sur les boutiques. Plus ces marchandises sont riches, moins il

y a de proportion dans la fortune des citoyens. Or, cette grande disproportion, toujours un mal en elle-même, devient encore un plus grand mal par la multiplicité des goûts qu'elle engendre. Ces goûts contractés, on veut les satisfaire. Il faut à cet effet d'immenses trésors. Point de bornes alors au desir des richesses. Vertu, honneur, patrie, tout est sacrifié à l'amour de l'argent.

Dans les pays, au contraire, où l'on se contente du nécessaire, l'on est heureux, et l'on peut être vertueux. Le luxe excessif, qui presque par-tout accompagne le despotisme, suppose une nation déja partagée en oppresseurs et en opprimés, en voleurs et en volés. Mais, si les voleurs forment le plus petit nombre, pourquoi ne succombent-ils pas sous les efforts du plus grand ? A quoi doivent-ils leur salut ? A l'impossibilité où se trouvent les volés de se donner le mot et de se rassembler le même jour. D'ailleurs, l'oppresseur, avec l'argent déja pillé, peut toujours soudoyer une armée pour combattre les opprimés, et les vaincre en détail. Aussi le pillage d'une nation soumise au despotisme continue-t-il jusqu'à ce qu'enfin le dépeuplement, la misere des peuples, aient également soumis et le voleur et le volé au joug d'un voisin puissant. Une nation n'est plus, en cet état, composée que d'indigents sans courage, et de brigands sans justice; elle est avilie et sans vertu.

Il n'en est pas ainsi dans un pays où les richesses sont à-peu-près également réparties entre les citoyens; où tous sont aisés par rapport aux citoyens des autres nations. Dans ce pays, nul homme assez riche pour se soumettre ses compatriotes. Chacun, contenu par son voisin, est plus occupé de conserver que d'envahir. Le desir de la conservation y devient donc le vœu général et dominant de la plus grande et de la plus riche partie de la nation. C'est et ce desir, et l'état d'aisance des citoyens, et le respect de la propriété d'autrui, qui chez tous les peuples féconde les germes de la vertu, de la justice, et du bonheur. C'est donc à la cause productrice d'un certain luxe qu'il faut rapporter presque toutes les calamités qu'on lui impute.

(14) Les courtisans, dit-on, se modelent sur le prince. Méprise-t-il le luxe et la mollesse? l'un et l'autre disparoissent. Oui, pour le moment. Mais, pour opérer un changement durable dans les mœurs d'un peuple, ce n'est pas assez de l'exemple ou de l'ordre du souverain : cet ordre ne transforme pas un peuple de Sybarites en un peuple robuste, laborieux, et vaillant. C'est l'œuvre des lois.

(15) Dans un pays libre, la réunion des richesses nationales en un certain nombre de mains se fait lentement : c'est l'œuvre des siecles ; mais, à mesure qu'elle se fait, le gouvernement tend au pouvoir arbitraire, par conséquent à sa dissolution.

L'état de république est l'âge viril d'un

empire; le despotisme en est la vieillesse. Les riches ont-ils soudoyé une partie de la nation? avec cette partie ils soumettent l'autre au despotisme aristocratique ou monarchique. Propose-t-on quelques lois nouvelles dans cet empire? toutes sont en faveur des riches et des grands, aucune en faveur du peuple. L'esprit de législation se corrompt, et sa corruption aunonce la chûte de l'état.

(16) Rien de plus contradictoire que les opinions des moralistes. Conviennent-ils de la nécessité et de l'utilité du commerce en certains pays? ils veulent en même temps y introduire une austérité de mœurs incompatible avec l'esprit commerçant. En France, le moraliste qui le matin recommande les riches manufactures aux soins du gouvernement déclame le soir contre le luxe, les spectacles, et les mœurs de la capitale.

Mais quel est l'objet du gouvernement lorsqu'il perfectionne ses manufactures, lorsqu'il étend son commerce ? C'est d'attirer chez lui l'argent de ses voisins. Qui doute que les mœurs, les amusements de la capitale, ne concourent à cet effet ; que les spectacles, les actrices, les dépenses qu'elles font et font faire aux étrangers, ne soient une des parties les plus lucratives du commerce de Paris ?

(17) Qu'on ne s'étonne point de l'extrême amour des hommes pour l'argent. Un phénomene vraiment surprenant seroit leur indifférence pour les richesses. Il faut, en tout pays où l'argent a cours, où les richesses sont l'échange de tous les plaisirs, que les richesses y soient aussi vivement poursuivies que les plaisirs mêmes dont elles sont représentatives.

(18) Du moment où les honneurs ne sont plus le prix des actions honnêtes, les mœurs se corrompent. Lors de l'arrivée du duc de Milan à Florence, le mépris, dit Machiavel, étoit le partage des

vertus et des talents. Les Florentins, sans esprit et sans courage, étoient entièrement dégénérés. S'ils cherchoient à se surpasser les uns les autres, c'étoit en magnificence d'habits, en vivacités et d'expressions et de reparties. Le plus satyrique étoit chez eux réputé le plus spirituel. Y auroit-il maintenant dans l'Europe quelque nation dont le tour d'esprit ressemblât à celui des Florentins de ce temps-là ?

(19) Ce n'est point de la masse plus ou moins grande des richesses nationales, mais de leur plus ou moins inégale répartition, que dépend le bonheur ou le malheur des peuples. Supposons qu'on anéantisse la moitié des richesses d'une nation; si l'autre moitié est à-peu-près également répartie entre tous les citoyens, l'état sera presque également heureux et puissant.

De tous les commerces, le plus avantageux à chaque nation est celui dont les profits se partagent en un plus grand nombre de mains. Plus on compte dans un état d'hommes libres, indépendants, et jouissant d'une fortune médiocre, plus l'état est fort.

(20) A-t-on défendu l'introduction de l'argent dans une nation? il faut, ou que cette nation adopte les lois de Sparte, ou qu'elle reste exposée à l'invasion de ses voisins. Quel moyen, à la longue, de leur résister ; si, pouvant toujours être attaquée, elle ne peut les attaquer? Dans tout état, il faut, pour repousser la guerre, maintenant si dispendieuse, ou de grandes richesses, ou la pauvreté, le courage et la discipline des Spartiates. Or, qui fournit de grandes richesses au gouvernement? De grosses taxes levées sur le superflu et non sur les besoins des citoyens. Que supposent de grosses taxes? De grandes consommations. Si l'Anglais vivoit, comme l'Espagnol, de pain, d'eau, et d'oignons, l'Angleterre, bientôt appauvrie, et dans l'impossibilité de soudoyer des flottes et des armées, cesseroit

d'être respectée. Sa puissance, aujourd'hui fondée sur d'immenses revenus et de gros impôts, seroit encore détruite, si ces impôts, comme je l'ai déja dit, se levoient sur les besoins et non sur l'aisance des habitants.

Le crime le plus habituel des gouvernements de l'Europe est leur avidité à s'approprier tout l'argent du peuple. Leur soif est insatiable. Que s'ensuit-il? Que les sujets, dégoûtés de l'aisance par l'impossibilité de se la procurer, sont sans émulation, et sans honte de leur pauvreté. Dès ce moment la consommation diminue, les terres restent en friche, les peuples croupissent dans la paresse et l'indigence, parceque l'amour des richesses a pour base, 1°. la possibilité d'en acquérir, 2°. l'assurance de les conserver, 3°. le droit d'en faire usage.

(21) Supposons que la Grande-Bretagne attaque l'Inde, la dépouille de ses trésors, et les transporte à Londres; les Anglais seront alors possesseurs d'im-

menses richesses. Qu'en feront-ils? Ils épuiseront d'abord l'Angleterre de tout ce qui peut contribuer à leurs plaisirs ; ils tireront ensuite de l'étranger les vins exquis, les huiles, les cafés, enfin tout ce qui peut flatter leur goût ; et toutes les nations entreront en partage des trésors indiens. Je doute que des lois somptuaires puissent s'opposer à cette dispersion de leurs richesses. Ces lois, toujours faciles à éluder, donnent d'ailleurs trop d'atteinte au droit de propriété, le premier et le plus sacré des droits. Mais quel moyen de fixer les richesses dans un empire? Je n'en connois aucun. Le flux et reflux de l'argent sont dans le moral l'effet de causes aussi constantes, aussi nécessaires et aussi puissantes, que le sont dans le physique le flux et reflux des mers.

(22) Rien de plus facile à tracer que les divers degrés par lesquels une nation passe de la pauvreté à la richesse, de la richesse à l'inégal partage de cette ri-

chesse, de cet inégal partage au despotisme, et du despotisme à sa ruine. Un homme pauvre s'applique-t-il au commerce, s'adonne-t-il à l'agriculture, fait-il fortune? il a des imitateurs. Ces imitateurs se sont-ils enrichis? leur nombre se multiplie, et la nation entière se trouve insensiblement animée de l'esprit de travail et de gain. Alors son industrie s'éveille, son commerce s'étend; elle croît chaque jour en richesse et en puissance. Mais si sa richesse et sa puissance se réunissent insensiblement dans un petit nombre de mains, alors le goût du luxe et des superfluités s'emparera des grands; parceque, si l'on en excepte quelques avares, l'on n'acquiert que pour dépenser. L'amour des superfluités irritera dans ces grands la soif de l'or et le desir du pouvoir : ils voudront commander en despotes à leurs concitoyens. Ils tenteront tout à cet effet; et c'est alors qu'à la suite des richesses le pouvoir arbitraire, s'introduisant peu-à-peu chez un peuple, en corrompra les mœurs, et l'avilira.

Lorsqu'une nation commerçante atteint le période de sa grandeur, le même desir du gain qui fit d'abord sa force et sa puissance devient ainsi la cause de sa ruine. Le principe de vie qui, se développant dans un chêne majestueux, éleve sa tige, étend ses branches, grossit son tronc, et le fait régner sur les forêts, est le principe de son dépérissement. Mais, en suspendant dans les peuples le développement trop rapide du desir de l'or, ne pourroit-on prolonger la durée des empires? On n'y parviendroit, répondrai-je, qu'en affoiblissant dans les citoyens l'amour des richesses. Or, qui peut assurer qu'alors les citoyens ne tombassent point dans cette paresse espagnole, la plus incurable des maladies politiques?

(23) Les vertus de la pauvreté sont dans une nation l'audace, la fierté, la bonne foi, la constance, enfin une sorte

de férocité noble. Elles sont, chez des peuples nouveaux, l'effet de l'espece d'égalité qui regne d'abord entre tous les citoyens. Mais ces vertus séjournent-elles long-temps dans un empire? Non; elles y vieillissent rarement, et la seule multiplication des habitants suffit souvent pour les en bannir.

(24) Point de talents et de vertus que ne crée dans un peuple l'espoir des honneurs décernés par l'estime et la reconnoissance publique. Rien que n'entreprenne le desir de les mériter et de les obtenir. Les honneurs sont une monnoie qui hausse et baisse selon le plus ou le moins de justice avec laquelle on la distribue. L'intérêt public exigeroit qu'on lui conservât la même valeur, et qu'on la dispensât avec autant d'équité que d'économie. Tout peuple sage doit payer en honneurs les services qu'on lui rend. Veut-il les acquitter en argent? il épuise bientôt son trésor; et, dans l'impuissance alors de récompenser le talent et la vertu,

l'un et l'autre sont étouffés dans leur germe.

(25) L'argent est-il devenu l'unique principe d'activité dans une nation ? c'est un mal. Je n'y connois plus de remede. Les récompenses en nature seroient sans doute plus favorables à la production des hommes vertueux : mais, pour les proposer, que de changements à faire dans les gouvernements de la plupart des états de l'Europe !

(26) A quelle cause attribuer l'extrême puissance de l'Angleterre ? Au mouvement, au jeu de toutes les passions contraires. Le parti de l'opposition, excité par l'ambition, la vengeance, ou l'amour de la patrie, y protege le peuple contre la tyrannie. Le parti de la cour, animé du desir des places, de la faveur, ou de l'argent, y soutient le ministere contre les attaques quelquefois injustes de l'opposition. L'avarice et la cupidité toujours inquietes des commerçants y réveillent à chaque instant l'industrie

de l'artisan. Les richesses de presque tout l'univers sont par cette industrie transportées en Angleterre. Mais, dans une nation aussi riche, aussi puissante, comment se flatter que les divers partis se conserveront toujours dans cet équilibre de force qui maintenant assure son repos et sa grandeur?

(27) C'est l'esprit de juiverie d'une métropole qui souvent porte le feu de la révolte dans ses colonies. En traite-t-elle les colons en negres? ce traitement les irrite. S'ils sont nombreux ils lui résistent, et s'en séparent enfin, comme le fruit mûr se détache de sa branche. Pour s'assurer l'amour et la soumission de ses colonies une nation doit être juste. Elle doit souvent se rappeler qu'elle ne transporte dans des terres étrangeres qu'un superflu de citoyens qui lui eût été à charge; qu'elle n'est par conséquent en droit d'exiger d'eux que des secours en temps de guerre, et la signature d'un traité fé-

dératif, auquel se soumettront toujours les colonies lorsque la métropole ne voudra pas s'approprier tout le profit de leurs travaux.

(28) Dans tout pays où l'argent a cours, il faut qu'à la longue la maniere inégale dont l'argent s'y répartit y engendre la pauvreté générale. Cette espece de pauvreté est mere de la dépopulation. L'indigence soigne peu ses enfants, les nourrit mal, en éleve peu. J'en citerai pour preuve et les sauvages du nord de l'Amérique, et les esclaves des colonies : le travail excessif exigé des Négresses enceintes, le peu de soin qu'on y prend d'elles, enfin le despotisme du maître, tout concourt à leur stérilité.

(29) Une trop inégale répartition des richesses nationales précede et produit toujours le goût du luxe. Un particulier a-t-il plus d'argent qu'il n'en faut pour subvenir à ses besoins? il se livre à l'amour des superfluités. L'ennemi du luxe doit donc chercher dans la cause même

du partage trop inégal des richesses, et dans la destruction du despotisme, le remede aux maux dont il accuse le luxe, et que réellement le luxe soulage. Toute espece de superfluité a sa cause productrice. Le luxe des chevaux, préférable à celui des bijoux, et particulier aux Anglais, est en partie l'effet du long séjour qu'ils font dans leurs campagnes. Si tous les habitent, c'est qu'ils y sont, pour ainsi dire, nécessités par la constitution de leur état. C'est la forme des gouvernements qui dirige d'une maniere invisible jusqu'aux goûts des particuliers. C'est toujours à leurs lois que les peuples doivent leurs mœurs et leurs habitudes.

SECTION VII.

Les vertus et le bonheur d'un peuple sont l'effet, non de la sainteté de sa religion, mais de la sagesse de ses lois.

CHAPITRE I.

Du peu d'influence des religions sur les vertus et la félicité des peuples.

Des hommes plus pieux qu'éclairés ont imaginé que les vertus des nations, leur humanité, et la douceur de leurs mœurs, dépendoient de la pureté de leur culte. Les hypocrites, intéressés à propager cette opinion, l'ont publiée sans la croire. Le commun des hommes l'a crue sans l'examiner. Cette erreur, une fois annoncée, a presque par-tout été reçue comme une vérité constante. Cependant l'expérience et l'histoire nous apprennent que la prospérité des peuples dépend, non de la pureté de leur culte, mais de l'excellence de leur législation. Qu'importe en effet leur croyance ? Celle des Juifs étoit pure, et les Juifs étoient la lie des nations. On ne les compara jamais ni aux Égyptiens ni aux anciens Perses.

Ce fut sous Constantin que la religion chrétienne devint la religion dominante. Elle ne rendit cependant point les Romains à leurs premieres vertus. On ne vit point alors de Décius se dévouer pour la patrie, et de Fabricius préférer sept acres de terre aux richesses de l'empire. Constantinople devint le cloaque de tous les vices au moment même de l'établissement de la religion chrétienne. Son culte ne changea point les mœurs des souverains. Leur piété ne les rendit pas meilleurs. Les rois les plus chrétiens ne furent pas les plus grands des rois. Peu d'entre eux montrerent sur le trône les vertus des Tite, des Trajan, des Antonin. Quel prince dévot leur fut comparable? Ce que je dis des monarques je le dis des nations. Le pieux Portugais, si ignorant et si crédule, n'est ni plus vertueux ni plus humain que le peuple moins crédule et plus tolérant des Anglais.

L'intolérance religieuse est fille de l'ambition sacerdotale et de la stupide crédulité. Elle n'améliorera jamais les hommes. Avoir recours à la superstition, à la crédulité, et au fanatisme, pour leur inspirer la bienfaisance, c'est jeter de l'huile sur le feu pour l'éteindre.

Pour adoucir la férocité humaine, et rendre les hommes plus sociables entre eux, il faut d'abord les rendre indifférents à la diversité des cultes. Les Espagnols, moins superstitieux, eussent été moins barbares envers les Américains. Rapportons-nous-en au roi Jacques. Ce prince étoit bigot, et connoisseur en ce genre ; il ne croyoit point à l'humanité des prêtres : « Il « est très difficile, disoit-il, d'être « à-la-fois bon théologien et bon « sujet. »

En tout pays, beaucoup de gens de la bonne doctrine, et peu de vertueux. Pourquoi ? C'est que la religion n'est pas vertu. Toute croyance, et même tout principe spéculatif, n'a, pour l'ordinaire, aucune influence sur la conduite et la probité des hommes (1). Le dogme de la fatalité est le dogme presque général de l'orient : c'étoit celui des stoïciens. Ce qu'on appelle liberté, ou puissance de délibérer, n'est dans l'homme, disoient-ils, qu'un sentiment de crainte ou d'espérance successivement éprouvé lorsqu'il s'agit de prendre un parti du choix duquel dépend son bonheur ou son malheur. La délibération est donc toujours en nous l'effet nécessaire de notre haine pour la douleur, et de notre amour pour le plaisir (2). Que l'on consulte à ce sujet les théologiens. Un tel dogme, diront-ils, est destructif de toute vertu. Cependant les stoïciens n'étoient pas moins vertueux que les philosophes des autres sectes ; les princes turcs ne sont pas moins fideles à leurs traités que les princes catholiques ; le fataliste persan n'est pas moins honnête dans son commerce que le chrétien français ou portugais. La pureté des mœurs est donc indépendante de la pureté des dogmes.

La religion païenne, quant à sa partie morale, étoit fondée, comme toute autre, sur ce qu'on appelle la loi naturelle. Quant à sa partie théologique ou mythologique, elle n'étoit pas très édifiante. On ne lit point l'histoire de Jupiter, de ses amours, et sur-tout du traitement fait à son pere Saturne, sans convenir qu'en fait de vertus les dieux ne prêchoient point d'exemple. Cependant la Grece et l'ancienne Rome abondoient en héros, en citoyens vertueux; et maintenant la Grece moderne et la nouvelle Rome n'engendrent, comme le Brésil et le Mexique, que des hommes vils, paresseux, sans talents, sans vertus, et sans industrie.

Depuis l'établissement du christianisme dans les monarchies de l'Europe, si les souverains n'ont été ni plus vaillants ni plus éclairés, si les peuples n'ont été ni plus instruits ni plus humains, si le nombre des patriotes ne s'est nulle part multiplié; quel bien font donc les religions? Sous quel prétexte le magistrat tourmenteroit-il l'incrédule (3), égorgeroit-il l'hérétique (4)? Pourquoi mettre tant d'importance à la croyance de certaines révélations toujours contestées, souvent si contestables, lorsqu'on en met si peu à la moralité des actions humaines?

Que nous apprend l'histoire des religions? Qu'elles ont par-tout allumé les flambeaux de l'intolérance, jonché les plaines de cadavres, abreuvé les campagnes de sang, embrasé les villes, dévasté les empires, mais.

qu'elles n'ont jamais rendu les hommes meilleurs. Leur bonté est l'œuvre des lois (5). Ce sont les chaussées qui contiennent les torrents; c'est la digue du supplice et du mépris qui contient le vice. La religion détermine notre croyance, et les lois nos mœurs et nos vertus.

Quel signe distingue le chrétien du juif, du guèbre, du musulman ? Est-ce une équité, un courage, une humanité, une bienfaisance particuliere à l'un, et non connue des autres ? On les reconnoît à leurs diverses professions de foi. Qu'on ne confonde donc jamais l'homme honnête avec l'orthodoxe (6). En chaque pays, l'orthodoxe est celui qui croit tel ou tel dogme; et, dans tout l'univers, le vertueux est celui qui fait telle ou telle action humaine et conforme à l'intérêt général. Or, si ce sont les lois qui déterminent nos actions (7), ce sont elles qui font les bons citoyens (8).

En poussant même plus loin cet examen, on voit que l'esprit religieux est entièrement destructif de l'esprit légistatif.

CHAPITRE II.

De l'esprit religieux, destructif de l'esprit législatif.

L'OBÉISSANCE aux lois est le fondement de toute législation; l'obéissance au prêtre est le fondement de presque toute religion.

Si l'intérêt du prêtre pouvoit se confondre avec l'intérêt national, les religions deviendroient les confirmatrices de toute loi sage et humaine. C'est tout le contraire. L'intérêt du corps ecclésiastique fut par-tout isolé et distinct de l'intérêt public. Le gouvernement sacerdotal a, depuis celui des Juifs jusqu'à celui du pape, toujours avili la nation chez laquelle il s'est établi. Par-tout le clergé voulut être indépendant du magistrat; et, dans presque toutes les nations, il y eut en conséquence deux autorités suprêmes, et destructives l'une de l'autre.

Un corps oisif est ambitieux : il veut être riche et puissant, et ne peut le devenir qu'en dépouillant les magistrats de leur autorité (a), et les peuples de leurs biens. Les prêtres, pour se les approprier, fonderent la religion sur une révélation, et s'en déclarerent les interpretes. C'est en

(a) Lors de la destruction projetée des parlements en France, quelle joie indécente les prêtres de Paris ne firent-ils pas éclater! Que les magistrats de toutes les nations reconnoissent à cette joie la

eux, ce n'est point en Dieu, que l'on croit. Ils peuvent en son nom ordonner la violation de toute loi contraire à leurs intérêts, et la destruction de toute autorité rebelle à leurs décisions.

L'esprit religieux, par cette raison, fut toujours incompatible avec l'esprit législatif, et le prêtre toujours l'ennemi du magistrat. Le premier institua les lois canoniques; le second, les lois politiques. L'esprit de domination et de mensonge présida à la confection des premieres : elles furent funestes à l'univers. L'esprit de justice et de vérité présida plus ou moins à la confection des secondes : elles furent en haine de l'autorité spirituelle pour la temporelle. Si le sacerdoce paroît quelquefois la respecter dans les rois, c'est lorsqu'ils lui sont soumis, et que par eux il commande aux lois.

conséquence plus ou moins avantageuses aux nations.

- Si la justice et la vérité sont sœurs, il n'est de lois réellement utiles que les lois fondées sur une connoissance profonde de la nature et des vrais intérêts de l'homme. Toute loi qui pour base a le mensonge (9) ou quelque fausse révélation est toujours nuisible. Ce n'est point sur un tel fondement que l'homme éclairé édifiera les principes de l'équité. Si le Turc permet de tirer de son *Koran* les principes du juste et de l'injuste, et ne souffre pas qu'on les tire du *Veddam*, c'est que, sans préjugés à l'égard de ce dernier livre, il craindroit de donner à la justice et à la vertu un fondement ruineux. Il ne veut pas en confirmer les préceptes par de fausses révélations (10).

Le mal que font les religions est

réel, et le bien imaginaire. De quelle utilité, en effet, peuvent-elles être? Leurs préceptes sont ou contraires ou conformes à la loi naturelle, c'est-à-dire à celle que la raison perfectionnée dicte aux sociétés pour leur plus grand bonheur. Dans le premier cas, il faut rejeter les préceptes de cette religion comme contraires au bien public; dans le second, il faut les admettre : mais alors que sert une religion qui n'enseigne rien que l'esprit et le bon sens n'enseignent sans elle?

Du moins, dira-t-on, les préceptes de la raison, consacrés par une révélation, en paroissent plus respectables. Oui, dans un premier moment de ferveur. Alors des maximes crues vraies parcequ'on les croit révélées agissent plus fortement sur les imaginations. Mais cet enthousiasme est bientôt dissipé.

De tous les préceptes, ceux dont la vérité est démontrée sont les seuls qui commandent constamment aux esprits. Une révélation, par cela même qu'elle est incertaine et contestée, loin de fortifier la démonstration d'un principe moral, doit à la longue en obscurcir l'évidence (11). L'erreur et la vérité sont deux êtres hétérogenes; ils ne s'allient jamais ensemble. Tous les hommes, d'ailleurs, ne sont pas mus par la religion : tous n'ont pas la foi ; mais tous sont animés du desir du bonheur, et le saisiront par-tout où la loi le leur présentera.

Des principes respectés parcequ'ils sont révélés (12) sont toujours les moins fixes. Journellement interprétés par le prêtre, ils sont aussi variables que ses intérêts. Toute nation, par exemple, desire que le prince soit éclairé; le sacerdoce desire, au contraire, que le prince soit abruti. Que d'art n'emploie-t-il pas!

On connoît cette anecdote. Il s'agissoit dans un royaume de savoir quels seroient les livres dont on permettroit la lecture au jeune prince. On assemble le conseil à ce sujet; le confesseur du jeune prince y préside. On propose d'abord les *Décades* de Tite-Live commentées par Machiavel, *l'Esprit des lois*, *Montaigne*, *Voltaire*, etc. Ces ouvrages successivement rejetés, le confesseur, jésuite, se lève enfin, et dit : « J'ai vu l'autre jour sur la « table du prince le *Catéchisme*, et « le *Cuisinier français*; point de lec- « ture pour lui moins dangereuse. »

Du temps du czar Pierre, Sévach-Hussein, sophi de Perse, persuadé par les visirs, par les prêtres, et par sa paresse, que sa dignité ne lui permettoit pas de s'occuper des affaires publiques, s'en décharge sur ses favoris. Peu d'années après, ce sophi est détrôné.

CHAPITRE III.

Quelle espece de religion seroit utile.

LE principe le plus fécond en calamités publiques est l'ignorance (13). C'est de la perfection des lois que dépendent les vertus des citoyens, et des progrès de la raison humaine que dépend la perfection des lois (14). Pour être honnête, il faut être éclairé (15). Toute religion qui dans les hommes honore la pauvreté d'esprit est une religion dangereuse. La pieuse stupidité des papistes ne les rend pas meilleurs. Quelle armée dévaste le moins les contrées qu'elle traverse?

est-ce l'armée dévote, l'armée des croisés ? Non ; c'est la mieux disciplinée. Si la discipline, si la crainte du général, réprime la licence des troupes, et contient dans le devoir des soldats jeunes, ardents, et journellement accoutumés à braver la mort dans les combats, que ne peut la crainte des lois sur les timides habitants des villes!

Ce ne sont point les anathêmes de la religion, c'est l'épée de la justice, qui, dans les cités, désarme l'assassin; c'est le bourreau qui retient le bras du meurtrier. La crainte du supplice peut tout dans les camps (16); elle peut tout aussi dans les villes. Elle rend dans les uns l'armée obéissante et brave, et dans les autres les citoyens justes et vertueux. En est-il ainsi des religions? Le papisme commande la tempérance : cependant quelles sont les années où l'on voit le moins d'ivrognes? Sont-ce celles où l'on débite le plus de sermons? Non; mais celles où l'on recueille le moins de vin. Le catholicisme défendit en tout temps le vol, la rapine, le viol, le meurtre, etc.; et dans les siecles les plus dévots, dans le neuvieme, le dixieme, et le onzieme, l'Europe n'étoit peuplée que de brigands. Quelle cause de tant de violences et de tant d'injustices? La trop foible digue que les lois opposoient alors aux forfaits. Une amende plus ou moins considérable étoit le seul châtiment des grands crimes. On payoit tant pour le meurtre d'un chevalier, d'un baron, d'un comte, d'un légat; enfin, jusqu'à l'assassinat d'un prince, tout étoit tarifé (a).

(a) Voyez M. Hume, vol. I de son *Histoire d'Angleterre*.

Le duel fut long-temps à la mode en Europe, et sur-tout en France. La religion le défendoit, et l'on se battoit tous les jours (a). Le luxe a depuis amolli les mœurs françaises, la peine de mort est portée contre les duellistes, ils sont du moins presque tous forcés de s'expatrier : il est peu de duels. Qui fait maintenant la sûreté de Paris ? Ce n'est pas la dévotion de ses habitants, mais l'exactitude et la vigilance de sa police (17). Les Parisiens du siecle passé étoient plus dévots et plus voleurs.

Les vertus sont donc l'œuvre des lois (b), et non de la religion.

(a) Tout crime non puni par la loi est un crime journellement commis.

(b) On donne une fête publique : est-elle mal ordonnée ? il s'y fait beaucoup de vols ; est-elle bien ordonnée ? il ne s'y en commet aucun. Dans ces deux cas, ce

CHAPITRE IV.

De la religion papiste.

Plus de conséquence dans les esprits rendroit la religion papiste plus nuisible aux états. Dès que le célibat y passe pour l'état le plus parfait et le plus agréable au ciel (a), point de

sont les mêmes hommes que la bonne ou mauvaise police rend honnêtes ou frippons.

(a) Une sorte d'incrédulité sourde s'oppose souvent aux funestes effets des principes religieux. Il en est des lois ecclésiastiques comme des réglements du commerce : s'ils sont mal faits, c'est à l'indocilité des négociants que l'état doit sa richesse ; leur obéissance en eût été la ruine.

croyant, s'il est conséquent, qui ne dût vivre dans le célibat.

Dans cette religion, s'il est beaucoup d'appelés et peu d'élus, toute mere tendre doit tuer ses enfants nouveaux baptisés pour les faire jouir plutôt et plus sûrement du bonheur éternel. Dans cette religion, quelle est la mort à craindre ? La mort imprévue. La desirable est celle à laquelle on est préparé. Où trouver cette mort ? Sur l'échafaud. Mais elle suppose le crime : on osera donc le commettre (a). Dans cette religion, quel usage faire de son argent ? Le donner aux moines pour tirer par leurs prieres et

(a) Un pareil fait arriva, il y a quatre ou cinq ans, en Prusse. Au sortir d'un sermon sur le danger d'une mort imprévue, un soldat tue une fille. « Malheu-« reux ! lui dit-on, qui t'a fait commettre « ce crime » ? — « Le desir du paradis,

leurs messes les ames du purgatoire. Qu'un malheureux soit enchaîné sur un bûcher, qu'on soit prêt à l'allumer, quel homme humain ne donneroit pas sa bourse pour l'en délivrer? quel homme ne s'y sentiroit pas forcé par le sentiment d'une pitié involontaire? Doit-on moins à des ames destinées à être brûlées pendant plusieurs siecles?

Un vrai catholique doit donc se reprocher toute espece de dépense en luxe et en superfluités. Il doit vivre de pain, de fruits, de légumes. Mais l'évêque lui-même fait bonne chere, boit d'excellents vins, fait

« répond-il. Ce meurtre me conduit à la
« prison, de la prison à l'échafaud, de
« l'échafaud au ciel ». Le roi, instruit du
fait, fit défense aux ministres de prêcher
à l'avenir de tels sermons, et même d'accompagner les criminels au supplice.

vernir ses carrosses (a). La plupart des papistes font broder des habits, et dépensent plus en chiens, chevaux, équipages, qu'en messes : c'est qu'ils sont inconséquents à leur croyance. Dans la supposition du purgatoire, qui donne l'aumône au pauvre fait un mauvais usage de ses richesses. Ce n'est point aux vivants qu'on la doit, c'est aux morts ; c'est à ces derniers que l'argent est le plus nécessaire.

(a) L'indifférence actuelle des évêques pour les ames du purgatoire fait soupçonner qu'ils ne sont pas eux-mêmes bien convaincus de l'existence d'un lieu qu'ils n'ont jamais vu. On est, de plus, étonné qu'un homme y reste plus ou moins long-temps, selon qu'il a plus ou moins de pieces de douze sous pour faire dire des messes, et que l'argent soit encore plus utile dans l'autre monde que dans celui-ci.

Jadis, plus sensible aux maux des trépassés, l'on faisoit plus de legs aux ecclésiastiques. On ne mouroit point sans leur abandonner une partie de ses biens. L'on ne faisoit, il est vrai, ce sacrifice qu'au moment où l'on n'avoit plus ni de santé pour jouir des plaisirs, ni de tête pour se défendre des insinuations monacales. Le moine, d'ailleurs, étoit redouté; et peut-être donnoit-on plus à la crainte du moine qu'à l'amour des ames. Sans cette crainte, la croyance du purgatoire n'eût pas autant enrichi l'église. La conduite des hommes, des peuples, est donc rarement conséquente à leur croyance, et même à leurs principes spéculatifs. Ces principes sont presque toujours stériles.

Que j'établisse l'opinion la plus absurde, celle dont on peut tirer les conséquences les plus abominables;

si je ne change rien aux lois, je n'ai rien changé aux mœurs d'une nation. Ce n'est point une fausse maxime de morale qui me rendra méchant (a), mais l'intérêt que j'aurai de l'être. Je deviendrai pervers si les lois détachent mon intérêt de l'intérêt public; si je ne puis trouver mon bonheur que dans le malheur d'autrui (b); et que, par la forme du gouvernement, le crime soit récompensé, la vertu dé-

(a) En morale, dit Machiavel, quelque opinion absurde qu'on avance, on ne nuit point à la société si l'on ne soutient point cette opinion par la force. En tous genres de sciences, c'est par l'épuisement des erreurs qu'on parvient jusqu'aux sources de la vérité.

(b) L'homme est l'ennemi, l'assassin, de presque tous les animaux. Pourquoi? C'est que sa subsistance est attachée à leur destruction.

laissée, et le vice élevé aux premieres places.

L'intérêt est la semence productrice du vice et de la vertu. Ce n'est point l'opinion erronée d'un écrivain qui peut accroître le nombre des voleurs dans un empire. La doctrine des jésuites favorisoit le larcin : cette doctrine fut condamnée par les magistrats. Ils le devoient par décence : mais ils n'avoient point remarqué qu'elle eût multiplié le nombre des filous. Pourquoi ? C'est que cette doctrine n'avoit point changé les lois; c'est que la police étoit aussi vigilante ; c'est qu'on infligeoit les mêmes peines aux coupables ; et que, sauf le hasard d'une famine, d'une réforme, ou d'un évènement pareil, les mêmes lois doivent en tout temps donner à-peu-près le même nombre de brigands.

Je suppose qu'on voulût multiplier les voleurs, que faudroit-il faire ? Augmenter les impôts et les besoins des peuples ; obliger tout marchand de voyager avec une bourse d'or ; mettre moins de maréchaussée sur les routes ; abolir enfin les peines contre le vol : alors on verroit bientôt l'impunité multiplier le crime.

Ce n'est donc ni de la vérité d'une révélation, ni de la pureté d'un culte, mais uniquement de l'absurdité ou de la sagesse des lois, que dépendent les vices ou les vertus des citoyens (a).

(a) Platon avoit sans doute entrevu cette vérité lorsqu'il disoit : « Le moment « où les villes et leurs citoyens seront « délivrés de leurs maux est celui où « la philosophie et la puissance, réunies « dans le même homme, rendront la « vertu victorieuse du vice ». M. Rousseau n'est pas de cet avis. « Mais, dit

La religion vraiment utile est celle qui force les hommes à s'instruire, comme les gouvernements les plus parfaits sont ceux dont les sujets sont les plus éclairés. De tous les exemples, le plus propre à démontrer cette vérité, c'est le gouvernement des jésuites. Examinons leurs constitutions ;

« M. Hume, vol. I de l'*Histoire d'An-*
« *gleterre*, les Anglo-Saxons, comme
« tous les peuples ignorants et brigands,
« affichoient le parjure, la fausseté, avec
« une impudence inconnue aux peuples
« civilisés ». C'est la raison, perfectionnée par l'expérience, qui seule peut démontrer aux peuples l'intérêt qu'ils ont d'être justes, humains, et fideles à leurs promesses. Nos dévots ancêtres juroient leurs traités sur la croix et les reliques, et se parjuroient. Les peuples ne garantissent plus aujourd'hui leurs traités par de pareils serments. Ils dédaignent ces inefficaces sûretés.

nous en connoîtrons mieux quel est sur les hommes le pouvoir de la législation.

CHAPITRE V.

Du gouvernement des jésuites.

Je ne considere ici la constitution des jésuites que relativement à leurs vues ambitieuses. Les jésuites voulurent crédit, pouvoir, considération, et l'obtinrent dans les cours catholiques.

Quels moyens employerent-ils? La terreur et la séduction. La terreur les rendit redoutables aux princes; et ce fut par l'union de leur volonté à celle du général qu'ils parvinrent à l'inspirer. La force d'une pareille union n'est peut-être pas encore assez connue.

Supposons qu'on eût demandé aux

anciens la solution de ce problême politique :

S A V O I R :

« Comment, du fond d'un mona-
« stere, un homme peut en régir une
« infinité d'autres, répandus dans des
« climats divers, et soumis à des
« lois et à des souverains différents.
« Comment, à des distances souvent
« immenses, cet homme peut con-
« server assez d'empire sur ses sujets
« pour les faire, à son gré, mouvoir,
« agir, penser, et conformer toujours
« leurs démarches aux vues ambi-
« tieuses de l'ordre. »

Avant l'institution des ordres monastiques, ce problème eût paru une folie mise au rang des chimeres platoniciennes. Cependant cette chimere s'est réalisée.

Les moyens par lesquels le général

s'assure l'obéissance de ses religieux sont des moyens connus : je ne m'arrêterai pas à les détailler.

Mais comment, avec si peu de sujets, inspire-t-il souvent tant de crainte aux souverains ? C'est un chef-d'œuvre de politique.

Pour opérer ce prodige, il falloit que la constitution des jésuites rassemblât tout ce que les gouvernements monarchique et républicain ont d'avantageux. D'une part, promptitude et secret dans l'exécution ; de l'autre, amour vif et habituel de la grandeur de l'ordre.

Les jésuites, pour cet effet, devoient avoir un despote à leur tête, mais un despote éclairé, et par conséquent électif (18). L'élection de ce chef supposoit choix sur un certain nombre de sujets ; temps et moyens d'étudier l'esprit, les mœurs, les caracteres et les inclinations de ces sujets.

Il falloit donc que, nourris dans les maisons des jésuites, leurs éleves pussent être examinés par les plus ambitieux et les plus éclairés des supérieurs ; que, l'élection faite, le nouveau général, étroitement lié à l'intérêt de la société, n'en pût avoir d'autres ; qu'il fût par conséquent, comme tout jésuite, soumis aux principales regles de l'ordre ; qu'il fît les mêmes vœux ; fût, comme eux, inhabile à se marier ; eût, comme eux, renoncé à toute dignité, à tout lien de parenté, d'amour, et d'amitié ; que, tout entier aux jésuites, il ne tînt sa propre considération que de la grandeur de l'ordre ; qu'il n'eût par conséquent d'autre desir que d'en accroître le pouvoir ; que l'obéissance de ses sujets lui en fournît les moyens ;

qu'enfin, pour être le plus utile possible à sa société, le général pût se livrer tout entier à son génie, et que ses conceptions hardies ne pussent être réprimées par aucune crainte.

A cet effet, on fixa sa résidence près d'un prêtre-roi. On voulut qu'attaché à ce souverain par le lien d'un intérêt commun à certains égards, le général, partageant en secret l'autorité du pontife, vécût dans sa cour, et pût de là braver la vengeance des rois.

C'est là qu'en effet, au fond de sa cellule, comme l'araignée au centre de sa toile, il étend ses fils dans toute l'Europe, et qu'il est, par ces mêmes fils, averti de tout ce qui se passe. Instruit, par la confession, des vices, des talents, des vertus, des foiblesses des princes, des grands, et des magistrats, il sait par quelle intrigue on peut favoriser l'ambition des uns, s'opposer à celle des autres, flatter ceux-ci, gagner ou effrayer ceux-là.

Pendant qu'il médite sur ces grands objets, on voit à ses côtés l'ambition monacale qui, tenant devant lui le livre secret et redouté où sont inscrites les bonnes ou mauvaises qualités des princes, leurs dispositions favorables ou contraires à la société, marque d'un trait de sang le nom des rois qui, dévoués à la vengeance de l'ordre, doivent être rayés du nombre des vivants. Si, frappés de terreur, les princes foibles crurent, au commandement du général, n'avoir que le choix entre la mort et l'obéissance servile, leur crainte ne fut pas entièrement panique. Un homme commande-t-il une société dont les membres sont entre ses mains ce que le bâton est dans celle du vieillard? parle-t-il par leur bouche? frappe-t-il par leurs bras? dépositaire d'immenses richesses, peut-il à son gré les transporter par-tout où le requiert l'avantage de l'ordre? aussi despote que le vieux de la Montagne, avec des sujets aussi soumis, il les voit, à son commandement, se précipiter dans les plus grands dangers, exécuter les entreprises les plus hardies (a). Un tel homme est à redouter.

Les jésuites le sentirent; et, fiers de la terreur qu'inspiroit leur chef, ils ne songerent qu'à s'assurer de cet homme redouté. Ils voulurent que, si, par paresse ou quelques autres

(a) Si les jésuites ont dans mille occasions fait preuve d'autant d'intrépidité que les Abyssins, c'est que, chez ces religieux, comme chez ces redoutables Africains, le ciel est la récompense du dévouement aux ordres du chef.

intérêts, le général trahissoit ceux de la société, il en fût le mépris, et craignît d'en être la victime. Qu'on nomme un gouvernement où l'intérêt et du chef et de ses membres ait été si réciproque et si étroitement uni. Qu'on ne s'étonne donc point qu'avec des moyens en apparence si foibles la société ait, en si peu de temps, atteint un si haut degré de puissance. Son pouvoir fut l'effet de la forme de son gouvernement.

Quelque hardis que fussent les principes de sa morale, ces principes, adoptés par les papes, étoient à-peu-près ceux de l'église catholique. Si, dans les mains des séculiers, cette dangereuse morale eut des effets peu funestes, il n'en faut point être surpris. Ce n'est point la lecture d'un Busembaum ou d'un Lacroix qui crée les régicides; c'est dans l'ignorance et la solitude des cloîtres que s'engendrent ces monstres ; et c'est de là qu'ils s'élancent sur le prince. En vain le moine, en les armant du poignard, veut cacher la main qui le conduit: rien n'est plus reconnoissable que les crimes commis par l'ambition sacerdotale ; rien de plus aisé de savoir à quels signes certains on peut distinguer les diverses causes des grands attentats.

CHAPITRE VI.

Des causes des grands attentats.

CES causes sont l'amour de la gloire, l'ambition, et le fanatisme. Quelque puissantes que soient ces passions, leur force néanmoins n'égale point ordinairement dans l'homme l'amour de sa conservation et de sa félicité ; il ne brave point le danger et la douleur ; il ne tente point d'entreprise périlleuse, si l'avantage attaché au succès n'est en quelque proportion avec le danger auquel il s'expose. C'est un fait prouvé par l'expérience de tous les temps.

Lorsque, pour arracher eux et leur patrie aux fers de l'esclavage, les Dion, les Pélopidas, les Aratus, et les Timoléon, méditoient le meurtre du tyran, quelles étoient leurs craintes et leurs espérances ? Ils n'avoient point à redouter la honte et le supplice d'un Ravaillac. Si la fortune les abandonnoit dans leurs entreprises, ces héros, soutenus d'un parti puissant, pouvoient toujours se flatter de mourir les armes à la main. Le sort leur étoit-il favorable ? ils devenoient l'idole et l'amour de leurs concitoyens. La récompense étoit donc au moins en proportion avec le danger auquel ils s'exposoient.

Lorsque Brutus suivit César au sénat, il se dit sans doute à lui-même : Le nom de Brutus, ce nom déja consacré par l'expulsion des Tarquins, m'ordonne le meurtre du dictateur, et m'en fait un devoir. Si le succès me favorise, je détruis un gouvernement tyrannique, je désarme le despotisme prêt à faire couler le plus pur sang de Rome ; je la sauve de la destruction, et j'en deviens le nouveau fondateur. Si je succombe dans mon entreprise, je péris de ma propre main, ou de celle de l'ennemi. La récompense est donc égale au danger.

Le vertueux Brutus, du temps de la ligue, se fût-il tenu ce discours ? eût-il porté la main sur son souverain ? Non. Quel avantage pour la France, et quelle gloire pour lui, si, vil instrument de l'ambition papale, il eût été l'assassin de son maître ?

Dans un gouvernement monarchique, il n'est que deux motifs qui puissent déterminer un sujet au régicide ; l'un, une couronne terrestre; l'autre, une couronne céleste. L'ambition et le fanatisme produisent seuls de tels crimes.

Les attentats de l'ambition sont toujours commis par un homme puissant. Il faut pour les projeter que, le crime consommé, l'ambitieux puisse au même instant en recueillir le fruit; et que, le crime manqué et découvert, il reste encore assez puissant pour intimider le prince, ou du moins se ménager le temps de la fuite. Telle étoit sous l'empire grec la position de ses généraux, qui, suivis de leurs armées, marchoient à l'empereur, le frappoient dans le combat, ou l'égorgeoient sur le trône. Telle est encore, à Constantinople, celle où se trouve l'aga ou le prince ottoman, lorsqu'à la tête des janissaires il force le serrail, arrête et tue le sultan, qui souvent n'assure son trône et sa vie que par le meurtre de ses proches.

La condition du régicide déclare presque toujours quelle espece de passion l'anime, de l'ambition, ou du fanatisme religieux.

Le régicide ambitieux ne se trouve que dans la classe des grands : le régicide fanatique se trouve dans toutes, et le plus souvent même dans la plus basse, parceque tout homme peut également prétendre au trône et aux récompenses célestes. Il est encore d'autres signes auxquels on distingue ces deux especes de régicides : leur différente conduite dans de pareils attentats.

Le premier perd-il l'espoir d'échapper ? il s'empoisonne ou se tue sur la victime. Le second n'attente point à sa vie ; sa religion le lui défend. Elle seule peut retenir le bras d'un homme assez intrépide pour commettre un tel forfait ; elle seule peut lui faire préférer une mort affreuse, subie sur un échafaud, à la mort douce qu'il se seroit donnée lui-même.

Le fanatique est un instrument de vengeance que le moine fabrique et emploie lorsque son intérêt le lui ordonne.

CHAPITRE VII.

Du moment où l'intérêt des jésuites leur commande un grand attentat.

LE crédit des jésuites baisse-t-il ? attendent-ils d'un gouvernement nouveau plus de faveur que du gouvernement actuel ? la bonté du prince régnant, le pouvoir du parti dévot à la cour, les assurent-ils de l'impunité ? ils conçoivent alors leur détestable projet. Ils préparent les citoyens à de grands évènements ; ils éveillent en eux des passions sinistres ; ils effraient les imaginations, ou, comme autrefois, par la prédiction de la fin prochaine du monde, ou par l'annonce du renversement total de la religion. Au moment où ces idées mises en fermentation échauffent les esprits, et deviennent le sujet général des conversations, les jésuites cherchent le forcené que doit armer leur ambition. Les scélérats de cette espece sont rares. Il faut pour de tels attentats des ames composées de sentiments violents et contraires ; des ames à-la-fois susceptibles du dernier degré de scélératesse, de dévotion, de crédulité, et de remords : il faut des hommes à-la-fois hardis et prudents, impétueux et discrets ; et les caracteres de cette espece sont le produit des passions les plus mornes et les plus séveres. Mais à quoi reconnoître les ames inflammables au fanatisme ? Quel moyen de découvrir ces semences de passions qui, fortes, contraires, et propres à former des régicides, sont toujours invisibles avant d'être mises en action ? Le tribunal de la confession est le microscope où ces germes se découvrent. Dans ce tribunal, où l'homme se trouve à nud, le droit d'interroger permet au moine de fouiller tous les replis d'une ame.

Le général, instruit par lui des mœurs, des passions et des dispositions d'une infinité de pénitents, a le choix sur un trop grand nombre pour n'y pas trouver l'instrument de sa vengeance. Son choix fixé, et le fanatique trouvé, il s'agit d'allumer son zele. L'enthousiasme est une maladie contagieuse qui se communique, dit milord Shaftesbury, par le geste, le regard, le son de la voix, etc. Le général le sait, il commande; et le fanatique, attiré dans une maison de jésuites, s'y trouve au milieu d'enthousiastes. C'est là que, s'animant lui-même du sentiment de ceux qui l'entourent, on lui fait accroire qu'il pense ce qu'on lui suggère ; c'est là que, familiarisé avec l'idée du crime qu'il doit commettre, on le rend inaccessible aux remords.

Le remords d'un instant suffit pour désarmer le bras de l'assassin. Il n'est point d'homme, quelque méchant, quelque audacieux qu'il soit, qui soutienne sans effroi l'idée d'un si grand attentat et des tourments qui le suivent. Le moyen de lui en dérober l'horreur, c'est d'exalter tellement en lui le fanatisme, que l'idée de son crime, loin de s'associer dans sa mémoire à l'idée de son supplice, lui rappelle uniquement celle des plaisirs célestes, récompense de son forfait.

De tous les ordres religieux, celui des jésuites est à-la-fois le plus puissant, le plus éclairé, et le plus enthousiaste. Nul, par conséquent, qui puisse opérer aussi fortement sur l'imagination d'un fanatique; et nul qui puisse avec moins de danger attenter à la vie des princes. L'aveugle soumission des jésuites aux ordres de leur général les assure tous les uns des autres. Sans défiance à cet égard, ils donnent un libre essor à leurs pensées.

Rarement chargés de commettre le crime qu'ils encouragent jusqu'à son exécution, la crainte du supplice ne peut refroidir leur zele. Chaque jésuite, étayé de tout le crédit et de la puissance de l'ordre, sent qu'à l'abri de toute recherche jusqu'à la consommation de l'attentat, nul, avant cet instant, n'osera se porter accusateur du membre d'une société redoutable par ses richesses, par le grand nombre d'espions qu'elle soudoie, de grands qu'elle dirige, de bourgeois qu'elle protege, et qu'elle s'attache par le lien indissoluble de la crainte et de l'espérance.

Le jésuite sait de plus que, le crime consommé, rien de plus difficile que d'en convaincre sa société ; que, prodiguant l'or et les menaces, et se supposant toujours calomniée, elle pourra toujours répandre sur les plus noirs forfaits cette obscurité favorable à ses membres, qui veulent bien être soupçonnés d'un grand crime, parcequ'ils en deviennent plus redoutables, mais qui ne veulent pas en être convaincus, parcequ'ils seroient trop odieux.

Quel moyen en effet de les en convaincre ? Le général sait le nom de tous ceux qui trempent dans un grand complot : il peut, au premier soupçon, les disperser dans des couvents inconnus et étrangers ; il peut, sous un faux nom, les y entretenir à l'abri d'une poursuite ordinaire. Devient-elle vive? le général est toujours sûr de la rendre vaine, soit en renfermant l'accusé au fond d'un cloître, soit en le sacrifiant à l'intérêt de l'ordre. Avec tant de ressources et d'impunité, doit-on s'étonner que la société ait tant osé, et qu'encouragés par les plus grands éloges ses membres aient souvent exécuté les entreprises les plus hardies?

On apperçoit donc dans la forme même du gouvernement des jésuites la cause de la crainte, du respect, qu'ils inspirent, et la raison enfin pour laquelle, depuis leur établissement, il n'est point de guerre religieuse, de révolutions, d'assassinats de princes, à la Chine, en Éthiopie, en Hollande, en France, en Angleterre, en Portugal, à Geneve, etc., auxquels les jésuites n'aient eu plus ou moins de part.

L'ambition du général et des assistants est l'ame de cette société. Nulle qui, plus jalouse de la domination, ait employé plus de moyens pour se l'assurer. Le clergé séculier est sans doute ambitieux ; mais, animé de la même passion, il n'a pas les mêmes moyens de la satisfaire.

Le jésuite est dans la dépendance immédiate d'un supérieur [20]. Il n'en est pas de même du prêtre séculier. Ce prêtre, répandu dans le monde, distrait par ses affaires et ses plaisirs, n'est point tout entier à une seule idée ; son fanatisme n'est point sans cesse exalté par la présence d'autres fanatiques : moins puissant d'ailleurs qu'un corps religieux, coupable il seroit puni. Il est donc moins entreprenant et moins redoutable que le régulier.

Le vrai crime des jésuites ne fut

pas la perversité de leur morale (a), mais leur constitution, leurs richesses, leur pouvoir, leur ambition, et l'incompatibilité de leurs intérêts avec celui de toute nation. Quelque parfaite qu'ait été la législation de ces religieux, quelque empire qu'elle dût leur donner sur les peuples, cependant ces jésuites si redoutés sont aujourd'hui bannis de France, de Portugal, d'Espagne. Heureusement qu'on s'est encore opposé à temps à leurs vastes projets.

Dans toute constitution monastique il est un vice radical, c'est le défaut de puissance réelle. Celle des moines est fondée sur la stupidité des hommes. Il faut qu'à la longue l'esprit humain s'éclaire, ou du moins

(a) De faux principes de morale ne sont dangereux que lorsqu'ils font loi.

qu'il change de folie. Les jésuites, qui l'avoient prévu, vouloient en conséquence réunir dans leurs mains la puissance temporelle et spirituelle. Ils vouloient effrayer par leurs armées les princes qu'ils n'intimideroient point par le poignard ou le poison. Ils avoient déja jeté dans le Paraguai et la Californie les fondements de nouveaux empires.

Que le sommeil du magistrat eût été plus long ; cent ans plus tard, peut-être étoit-il impossible de s'opposer à leurs desseins. L'union du pouvoir spirituel et temporel les eût rendus trop redoutables : ils eussent à jamais retenu les catholiques dans l'aveuglement, et leurs princes dans l'humiliation. Rien ne prouve mieux le degré d'autorité auquel les jésuites étoient déja parvenus que la conduite tenue en France pour les en chasser.

Le magistrat, en s'élevant si vivement contre leurs livres (21), appercevoit sans doute la frivolité d'une telle accusation ; mais il sentoit aussi que cette accusation étoit la seule qui pût les perdre dans l'esprit des peuples. Toute autre eût été impuissante.

Supposons en effet que, dans l'arrêt de leur bannissement, le magistrat n'eût fait usage que des seuls motifs du bien public ; quelque raisonnables qu'eussent été ces motifs, ils eussent fait peu d'impression ; et l'ordre puissant et protégé des jésuites n'eût jamais été sacrifié à la raison et au bien public.

CHAPITRE VIII.

Des moyens employés pour détruire les jésuites.

Pour combattre les jésuites avec avantage, que falloit-il? Opposer passion à passion, secte à secte, fanatisme à fanatisme; il falloit armer contre eux le janséniste. Or, le janséniste, insensible par dévotion ou par stupidité au malheur de ses semblables (22), ne se fût point élevé contre les jésuites s'il n'eût apperçu en eux que les ennemis du bien public. Les magistrats le sentirent, et crurent que, pour l'animer contre ces religieux, il falloit étonner son imagination, et, dans un livre tel que celui des *Assertions*, faire sans cesse retentir à ses oreilles les mots d'impudicité, de péché philosophique, de magie, d'astrologie, d'idolâtrie, etc.

On a reproché ces assertions aux magistrats (23). Cependant, si, lors de l'affaire des jésuites, les magistrats n'avoient en France que peu de crédit et d'autorité; si la position des parlements par rapport aux jésuites étoit telle qu'ils ne pussent opérer le bien public que sous des prétextes et par des motifs différents de ceux qui les déterminoient réellement; pourquoi n'en eussent-ils pas fait usage, et n'eussent-ils pas profité du mépris où tomboient les livres et la morale des jésuites pour délivrer la France de moines devenus si redoutables par leur pouvoir, leurs intrigues, leurs richesses, leur ambition (24), et surtout par les moyens que leur constitution leur fournissoit pour s'asservir les esprits?

Le vrai crime des jésuites fut l'excellence de leur gouvernement. Son excellence fut par-tout destructive du bonheur public.

Il faut en convenir, les jésuites ont été un des plus cruels fléaux des nations : mais, sans eux, l'on n'eût jamais parfaitement connu ce que peut sur les hommes un corps de lois dirigées au même but.

D'après l'exemple des jésuites, comment se former une idée des moyens de donner une excellente législation ?

CHAPITRE IX.

Examen de cette question.

Un homme établit des lois nouvelles dans un empire, ou en qualité de magistrat commis par le peuple pour corriger l'ancienne législation, ou en qualité de vainqueur, c'est-à-dire à titre de conquête. Telles ont été les diverses positions où se sont trouvés Solon, d'une part, Alexandre ou Tamerlan, de l'autre.

Dans la premiere, le magistrat, comme s'en plaignoit Solon, est forcé de se conformer aux mœurs et aux goûts de ceux qui l'emploient. Ils ne lui demandent point une excellente législation ; elle seroit trop discordante avec leurs mœurs : ils desirent simplement la correction de quelques abus introduits dans le gouvernement actuel. Le magistrat, en conséquence, ne peut donner d'essor à son génie ; il n'embrasse point un grand plan, et ne propose point l'établissement d'un gouvernement parfait.

Dans la seconde de ces positions, que se propose d'abord le conquérant ? D'affermir son autorité sur des nations appauvries, dévastées par la guerre, et encore irritées de leur défaite. S'il leur impose quelques unes des lois de son pays, c'est en adoptant une partie des leurs. Peu lui importent les malheurs résultants d'un mélange de lois souvent contradictoires entre elles.

Ce n'est point au moment de la conquête que le vainqueur conçoit le vaste projet d'une parfaite législation. Possesseur encore incertain d'une couronne nouvelle, l'unique chose qu'il exige alors de ses nouveaux sujets, c'est leur soumission. Est-ce du char de la victoire et du trône du despotisme qu'il peut leur donner des lois utiles? Enivré de ses succès, qu'importe au conquérant la félicité de ses esclaves?

Quant au magistrat chargé par une république de la réforme de ses lois, il a communément trop d'intérêts divers à ménager, trop d'opinions différentes à concilier, pour pouvoir en ce genre rien faire de grand et de simple. C'est uniquement au fondateur d'une colonie, qui commande à des hommes encore sans préjugés et sans habitudes, qu'il appartient de résoudre le problème d'une excellente législation. Rien dans cette position n'arrête la marche de son génie, ne s'oppose à l'établissement des lois les plus sages : leur perfection n'a d'autres bornes que les bornes mêmes de son esprit.

Mais, quant à l'objet qu'elles se proposent, pourquoi les lois monastiques sont-elles les moins imparfaites ? C'est que le fondateur d'un ordre religieux est dans la position du fondateur d'une colonie. Un Ignace, en traçant dans le silence et la retraite le plan de sa regle, n'a point encore à ménager les goûts et les opinions de ses sujets futurs. Sa regle faite, son ordre approuvé, il est entouré de novices d'autant plus soumis à cette regle, qu'ils l'ont volontairement embrassée, et qu'ils ont par conséquent approuvé les moyens par lesquels ils sont contraints à l'observer. Faut-il donc s'étonner si, dans leur genre, de telles législations sont plus parfaites que celles d'aucune nation ?

De toutes les études, celle des diverses constitutions monastiques est peut-être une des plus curieuses et des plus instructives pour des magistrats, des philosophes, et généralement pour tous les hommes d'état. Ce sont des expériences en petit, qui, révélant les causes secretes de la grandeur et de la puissance des différents ordres religieux, prouvent, comme je me suis proposé de le démontrer, que ce n'est ni de la religion, ni de ce qu'on appelle la morale (à-peu-près la même chez tous les peuples et tous les moines), mais de la législation seule, que dépendent les vices, les vertus, la puissance et la félicité des nations.

Les lois sont l'ame des empires. Jusqu'où l'excellence de la législation peut-elle porter le bonheur des citoyens (a) ? Il faut, pour résoudre cette question, savoir d'abord en quoi consiste le bonheur de l'individu.

(a) Entre les différents ordres religieux, ceux dont le gouvernement approche le plus de la forme républicaine sont en général ceux dont les mœurs sont les meilleures, et la morale la moins erronée. Tels sont les doctrinaires et les oratoriens.

NOTES.

(1) Tous les Français se vantent d'être des amis tendres. Lorsque le livre de l'*Esprit* parut, ils crierent beaucoup contre le chapitre de l'*amitié*. On eût cru Paris peuplé d'Orestes et de Pylades. C'est cependant dans cette nation que la loi militaire oblige un soldat de fusiller son compagnon et son ami déserteur. L'établissement d'une pareille loi ne prouve pas, de la part du gouvernement, un grand respect pour l'amitié, et l'obéissance à cette loi une grande tendresse pour ses amis.

(2) Quiconque, disoient les stoïciens, se voudroit du mal, et, sans motif, se jetteroit dans le feu, dans l'eau, ou par la fenêtre, passeroit pour fou, et le seroit en effet, parcequ'en son état naturel l'homme cherche le plaisir, et fuit la douleur; parcequ'en toutes ses actions il

est nécessairement déterminé par le desir d'un bonheur apparent ou réel. L'homme n'est donc pas libre. Sa volonté est donc aussi nécessairement l'effet de ses idées, par conséquent de ses sensations, que la douleur est l'effet d'un coup. D'ailleurs, ajoutoient les stoïciens, est-il un seul instant où la liberté de l'homme puisse être rapportée aux différentes opérations de son ame?

Si, par exemple, la même chose ne peut au même instant être et n'être pas, il n'est donc pas possible

Qu'au moment où l'ame agit elle agisse autrement,

Qu'au moment où elle choisit elle choisisse autrement,

Qu'au moment où elle délibere elle délibere autrement,

Qu'au moment où elle veut elle veuille autrement.

Or, si c'est ma volonté telle qu'elle est qui me fait délibérer; si c'est ma délibération telle qu'elle est qui me fait choisir; si c'est mon choix tel qu'il est qui me fait agir; si, lorsque j'ai délibéré, il n'étoit pas possible, vu l'amour que je me porte, que je ne voulusse pas délibérer; il est évident que la liberté n'existe ni dans la volonté actuelle, ni dans la délibération actuelle, ni dans le choix actuel, ni dans l'action actuelle, et qu'enfin la liberté ne se rapporte à nulle des opérations de l'ame. Il faudroit pour cet effet qu'une même chose, comme je l'ai déja dit, pût au même instant être et n'être pas. Or, ajoutoient les stoïciens, voici la question que nous faisons aux philosophes : « L'ame est-elle libre si, « quand elle veut, quand elle délibere, « quand elle choisit, quand elle agit, « elle n'est pas libre ? »

(3) Il n'est presque point de saint qui n'ait une fois dans sa vie lavé ses mains dans le sang humain, et fait supplicier son homme. L'évêque qui dernièrement sollicita si vivement la mort d'un jeune homme d'Abbeville étoit un saint. Il

voulut que cet adolescent expiât dans des tourments affreux le crime d'avoir chanté quelques couplets licencieux.

(4) Si nous massacrons les hérétiques, disent les dévots, c'est par pitié. Nous ne voulons que leur faire sentir l'aiguillon de la charité. Mais depuis quand la charité a-t-elle un aiguillon? Depuis quand égorge-t-elle? D'ailleurs, si les vices ne damnent pas moins que les erreurs, pourquoi les dévots ne massacrent-ils pas les hommes vicieux de leur secte?

(5) C'est la faim, c'est le besoin, qui rend les citoyens industrieux; et ce sont des lois sages qui les rendent bons. « Si
« les anciens Romains, dit Machiavel,
« donnerent en tout genre des exemples
« de vertu; si l'honnêteté chez eux fut
« commune; si, dans l'espace de plu-
« sieurs siecles, on eût compté à peine
« six ou sept de condamnés à l'amende,
« à l'exil, à la mort; à quoi dûrent-ils
« et leurs vertus et leurs succès? A la
« sagesse de leurs lois, aux premieres

« dissensions qui, s'élevant entre les plé-
« béiens et les patriciens, établirent cet
« équilibre de puissance que des dissen-
« sions toujours renaissantes maintinrent
« long-temps entre ces deux corps. Si
« les Romains, ajoute cet illustre écrivain,
« différerent en tout des Vénitiens; si les
« premiers ne furent ni humbles dans le
« malheur, ni présomptueux dans la
« prospérité ; la diverse conduite et
« le caractere différent de ces deux peu-
« ples fut l'effet de la différence de leur
« discipline. »

(6) M. Helvétius fut par quelques théologiens traité d'impie, et le P. Bertier de saint. Cependant le premier n'a fait ni voulu faire mal à personne; et le second disoit publiquement que, s'il eût été roi, il eût noyé le président de Montesquieu dans son sang. L'un d'eux est l'honnête homme, et l'autre le chrétien.

(7) Des lois justes sont toutes-puissantes sur les hommes. Elles commandent à leurs volontés, les rendent honnêtes,

humains, et fortunés. C'est à quatre ou cinq lois de cette espece que les Anglais doivent leur bonheur et l'assurance de leur propriété et de leur liberté. La premiere de ces lois est celle qui remet à la chambre des communes le pouvoir de fixer les subsides; la seconde est l'acte de l'*Habeas corpus*; la troisieme sont les jugements rendus par les jurés; la quatrieme, la liberté de la presse; la cinquieme, la maniere de lever les impôts.

(8) Ce n'est point à la religion, ce n'est point à cette loi naturelle innée et gravée, dit-on, dans toutes les ames, que les hommes doivent leurs vertus sociales. Cette loi naturelle si vantée n'est, comme les autres lois, que le produit de l'expérience, de la réflexion, et de l'esprit. Si la nature imprimoit dans les cœurs des idées nettes de la vertu, si ces idées n'étoient point une acquisition, les hommes eussent-ils jadis immolé des victimes humaines à des dieux qu'ils

disoient bons? les Carthaginois, pour se rendre Saturne propice, eussent-ils sacrifié leurs enfants sur ses autels? l'Espagnol croiroit-il la divinité avide du sang hérétique ou juif? des peuples entiers se flatteroient-ils d'obtenir l'amour du ciel, soit par le supplice de l'homme qui ne pense pas comme leurs prêtres, soit par le meurtre d'une vierge offerte en expiation de leurs forfaits?

(9) La vertu est si précieuse, et sa pratique si liée à l'avantage national, que, si la vertu n'étoit qu'une erreur, il lui faudroit sans doute sacrifier jusqu'à la vérité. Mais pourquoi ce sacrifice? et pourquoi le mensonge seroit-il pere de la vertu? Par-tout où l'intérêt particulier se confond avec l'intérêt public, la vertu devient dans chaque individu l'effet nécessaire de l'amour de soi et de l'intérêt personnel.

Tous les vices d'une nation se rapportent toujours à quelques vices de sa législation. Pourquoi si peu d'hommes honnêtes? C'est que l'infortune poursuit presque par-tout la probité. Qu'au contraire les honneurs et la considération en soient les compagnes, tous les hommes seront vertueux. Mais il est des crimes secrets auxquels la religion seule peut s'opposer. Le vol d'un dépôt confié en est un exemple. Mais l'expérience prouve-t-elle que ce dépôt soit plus sûrement confié au prêtre qu'à Ninon de l'Enclos ?

(10) Si tous les hommes sont esclaves nés de la superstition, pourquoi, dira-t-on, ne pas profiter de leur foiblesse pour les rendre heureux et leur faire honorer les lois? Est-ce le superstitieux qui les respecte? C'est, au contraire, lui qui les viole. La superstition est une source empoisonnée d'où sont sortis tous les malheurs et les calamités de la terre.

(11) C'est toujours à sa raison que l'homme honnête obéira de préférence à la révélation. Il est, dira-t-il, plus certain

que Dieu est l'auteur de la raison humaine, c'est-à-dire de la faculté que l'homme a de discerner le vrai du faux, qu'il n'est certain que ce même Dieu soit l'auteur d'un tel livre. Il est plus criminel aux yeux du sage de nier sa propre raison, que de nier quelque révélation que ce soit.

(12) Le système religieux rompt toute proportion entre les récompenses décernées aux actions des hommes, et l'utilité dont ces actions sont au public. Par quelle raison, en effet, le soldat est-il moins respecté que le moine? Pourquoi donne-t-on au religieux qui fait vœu de pauvreté douze ou quinze mille livres de rente pour écouter une fois par an les péchés ou les sottises d'un grand, lorsqu'on refuse six cents livres à l'officier blessé sur la breche?

(13) Presque toute religion défend aux hommes l'usage de leur raison, les rend à-la-fois brutes, malheureux et cruels. Cette vérité est assez plaisamment mise

en action dans une piece anglaise intitulée *la Reine du Bon-sens*. Les favoris de la reine sont, dans cette piece, *la Jurisprudence*, sous le nom de *Law*; *la Médecine*, sous le nom de *Physick*; un prêtre du Soleil, sous le nom de *Firebrand*, ou *Boutefeu*. Ces favoris, las d'un gouvernement contraire à leurs intérêts, conspirent, appellent *l'Ignorance* à leur secours. Elle débarque dans l'île du *Bon-sens*, à la tête d'une troupe de bateleurs, de ménétriers, de singes, etc. Elle est suivie d'un gros d'Italiens et de Français. La reine du Bon-sens marche à sa rencontre; Firebrand l'arrête. « Ô
« reine, lui dit-il, ton trône est ébranlé;
« les dieux s'arment contre toi: leur
« colere est l'effet funeste de ta pro-
« tection accordée aux incrédules. C'est
« par ma bouche que le Soleil te parle;
« tremble. Remets-moi ces impies, que
« je les livre aux flammes, ou le ciel
« consommera sur toi sa vengeance. Je
« suis prêtre; je suis infaillible: je com-

« mande ; obéis, si tu ne crains que je
« maudisse le jour de ta naissance comme
« un jour fatal à la religion ». La reine,
sans écouter, fait sonner la charge; elle
est abandonnée de son armée; elle se
retire dans un bois; Firebrand l'y suit,
et l'y poignarde. « Mon intérêt et ma
« religion demandoient, dit-il, cette
« grande victime. Mais m'en déclarerai-
« je l'assassin? Non. L'intérêt qui m'or-
« donna ce parricide veut que je le taise.
« Je pleurerai en public mon ennemie ;
« je célébrerai ses vertus ». Il dit : on
entend un bruit de guerre; l'Ignorance
paroît, fait enlever le corps du Bon-sens,
le dépose dans un tombeau. Une voix en
sort, et prononce ces mots prophétiques :
« Que l'ombre du Bon-sens erre à jamais
« sur la terre; que ses gémissements
« soient l'éternel effroi de l'armée de
« l'Ignorance ; que cette ombre soit
« uniquement visible aux gens éclairés;
« et qu'ils soient en conséquence tou-
« jours traités de visionnaires. »

(14) Les lois sont les fanaux dont la lumiere éclaire le peuple dans le chemin de la vertu. Que faut-il pour rendre les lois respectables ? Qu'elles tendent évidemment au bien public, et soient long-temps examinées avant d'être promulguées. Les lois des douze tables furent chez les Romains un an entier exposées à la censure publique. C'est par une telle conduite que des magistrats prouvent le desir sincere qu'ils ont d'établir de bonnes lois. Tout tribunal qui, sur la requisition d'un homme en place, enregistreroit légèrement une peine de mort contre les citoyens, rendroit la législation odieuse, et la magistrature méprisable.

(15) Quatre choses, disent les Juifs, doivent détruire le monde, l'une desquelles est un homme religieux et fou.

(16) Tout homme craint la douleur et la mort. Le soldat même obéit à cette crainte ; elle le discipline. Qui ne redouteroit rien ne feroit rien contre sa volonté.

C'est en qualité de poltronnes que les troupes sont braves.

(17) Si la police, nécessaire pour réprimer le crime, est trop coûteuse, elle est à charge aux citoyens; elle devient une calamité publique. Si la police est trop inquisitive, elle corrompt les mœurs, elle étend l'esprit d'espionnage, elle devient une calamité publique. Il ne faut pas que la police serve la vengeance du fort contre le foible, et qu'elle emprisonne le citoyen sans faire juridiquement son procès. Elle doit, de plus, se surveiller sans cesse elle-même. Sans la plus extrême vigilance, ses commis, devenus des malfaiteurs autorisés, sont d'autant plus dangereux, que leurs crimes nombreux et cachés restent inconnus comme impunis.

(18) Il n'en est pas d'un despote jésuite comme d'un tyran oriental, qui, suivi d'une troupe de bandits à laquelle il donne le nom d'armée, pille et ravage son empire. Le jésuite despote, soumis

lui-même aux regles de son ordre, animé du même esprit, ne tire sa considération que de la puissance de ses sujets. Son despotisme ne peut donc leur être nuisible.

(19) Si l'on cite peu de régicides parmi les réformés, c'est qu'ils ne s'agenouillent point devant le prêtre, qu'ils se confessent à Dieu, et non à l'homme. Il n'en est pas de même des catholiques. Presque tous se confessent et communient avant leurs attentats.

(20) L'obéissance du moine envers son supérieur rendra toujours ce dernier redoutable. Ordonne-t-il le meurtre? le meurtre s'exécute. Quel religieux peut résister à ses commandements? Que de moyens dans le supérieur pour se faire obéir! Pour les connoître, parcourons la regle des capucins.

Clemens papa IV, ubi supra, cap. VI, §. 24, dit: « Un frere n'a
« droit de se confesser qu'à un autre
« frere, si ce n'est dans le cas d'une
« nécessité absolue ». Il dit, *ubi supra,*

cap. VI, §. 8 : « Si, dans la prison, un
« frere, accablé du poids de ses fers,
« demande à se confesser à un religieux
« de l'ordre, il n'obtiendra sa demande
« que dans le cas où le gardien jugera à
« propos de lui accorder cette consola-
« tion et cette grace. Le religieux ne
« pourra communier à pâque que par la
« permission du supérieur, et toujours
« dans l'infirmerie, ou quelque autre lieu
« secret. »

Il ajoute, *ubi supra*, *cap. VI*, §. 10 :
« Pour les grands crimes, les freres
« seront brûlés vifs. Pour les autres
« crimes, ils seront dépouillés, mis
« nuds; seront attachés et déchirés im-
« pitoyablement par trois reprises, à
« la volonté du pere ministre. On ne
« leur donnera qu'avec mesure un pain
« d'affliction et une eau de douleur.

« Pour les crimes atroces, le pere
« ministre pourra inventer tel genre de
« tourments qu'il voudra. »

Il dit, *ubi supra*, *cap. VI*, §. 2 : « Si

« le fer, le feu, les fouets, la soif, la
« prison, le refus des sacrements, ne
« sont pas suffisants pour punir un frere,
« ou lui faire avouer le crime dont il est
« accusé, le pere ministre pourra inven-
« ter tel genre de supplice qu'il voudra,
« sans lui nommer les délateurs et les
« témoins, à moins que ce ne fût un
« religieux de grande importance ; car
« il seroit indécent de mettre à la ques-
« tion (hors le cas d'un crime énorme)
« un pere qui auroit d'ailleurs bien mé-
« rité de l'ordre. »

Il ajoute enfin, *ubi supra*, *cap. VI*,
§. 3 : « Le frere qui aura recours au
« tribunal séculier, tel que celui de l'é-
« vêque, sera puni à la volonté du géné-
« ral ou du provincial ; et le frere qui
« confessera son péché, ou en aura été
« convaincu, sera exécuté par forme de
« provision, nonobstant l'appel, sauf à
« faire droit dans la suite, si l'appel est
« fondé. »

Une telle regle donnée, il n'est point

de moine dont le pape, l'église et le général, ne puisse faire un régicide.

(21) Parmi les ouvrages des jésuites, il en est sans doute beaucoup de ridicules. Le P. Garasse, par exemple, déclamant contre Caïn, dit, p. 150, liv. II de sa *Doctrine curieuse*, « que Caïn, comme
« le remarquent les Hébreux, étoit un
« homme de peu de sens, et le premier
« athée; que ce Caïn ne pouvoit compren-
« dre ce que lui disoit Adam son pere;
« savoir, qu'il étoit un Dieu saint, juge
« de nos actions. Ne pouvant le com-
« prendre, Caïn s'imagina que c'étoient
« des contes de vieilles, et que son pere
« avoit perdu le sens commun lorsqu'il
« lui racontoit sa sortie du paradis ter-
« restre, et ce qui lui étoit arrivé. De là
« Caïn se laisse emporter à tuer son
« frere, et à répondre à Dieu comme s'il
« eût parlé à un faquin. »

Ce même pere, liv. I, p. 97, raconte qu'à l'arrivée de Calvin dans le Poitou, lorsque presque toute la noblesse en em-

brassoit les erreurs, un gentilhomme retint une partie de cette noblesse à la foi catholique en disant : « Je promets d'éta-
« blir une religion meilleure que celle
« de Calvin, si je trouve une douzaine de
« bélîtres qui ne craignent pas de se faire
« brûler pour la défense de mes rêve-
« ries ». Fontenelle fut persécuté pour avoir répété dans ses *Oracles* ce que le P. Garasse fait dire au gentilhomme poitevin. Tant il est vrai qu'il n'y a qu'heur et malheur en ce monde.

(22) Jusqu'aux pédants jansénistes, tous conviennent qu'en France l'éducation actuelle ne peut former des citoyens et des patriotes.

(23) Ce livre des Assertions, disoient les partisans des jésuites, digne d'un théologien hibernois, ne l'est point d'un parlement. Les jésuites, ajoutoient-ils, n'ont donc pas été jugés par des magistrats, mais par des procureurs jansénistes. Ce que je sais, c'est qu'on doit en partie à ce livre la dissolution de

cette société. Tant il est vrai que les plus heureuses réformes s'operent quelquefois par les moyens les plus ridicules!

(24) Pons de Thiard de Bissy, évêque de Châlons-sur-Saone, le seul qui, dans les états de Blois de 1558, fût resté fidele à Henri III, adresse une lettre au parlement de Dijon. Dans cette lettre, en date de 1590, ce prélat déplore d'abord le malheur de sa triste patrie; il décrit les horreurs de la ligue, et ses crimes abominables; il assure enfin que Dieu, dans sa colere, veut abymer ce beau royaume *que des imposteurs au masque de feront ébranlé de toutes parts.* Puis, s'adressant au parlement, c'est ainsi qu'il l'exhorte à chasser les jésuites:

« Ces apôtres de Mahomet ont, dit-il,
« l'impiété de prêcher que la guerre est
« la voix de Dieu. Que ces séducteurs
« diaboliques, ces amateurs présomp-
« tueux de la fausse sagesse, ces zé-

« lateurs hypocrites, ces murailles re-
« blanchies, ces Éoles auteurs des tem-
« pêtes civiles, ces incendiaires des
« esprits, ces boute-feux des séditions,
« ces émissaires de l'Espagne, ces es-
« pions dangereux, et habiles dans l'art
« de dresser des embûches, soient donc
« à jamais bannis de France. »

Portant ensuite la parole au jésuite Charles et à ses confreres : « Vous
« voyez, dit-il, tous ces forfaits exé-
« crables qui font gémir les gens de
« bien, et vous n'y opposez pas le
« moindre signe d'improbation : vous
« faites plus, vous y applaudissez;
« vous promettez aux plus grands cri-
« mes les récompenses célestes ; vous
« excitez à les commettre, et vous pla-
« cez dans le ciel d'infâmes brigands
« que vous lavez dans la rosée de votre
« miséricorde.

« Le roi très chrétien vient d'être
« assassiné par l'attentat horrible de vos
« semblables, et vous l'immolez encore

« après sa mort ! Vous le dévouez aux
« flammes éternelles, et vous osez prê-
« cher qu'on doit lui refuser le secours
« des prieres ! »

SECTION VIII.

De ce qui constitue le bonheur des individus. De la base sur laquelle on doit édifier la félicité nationale, nécessairement composée de toutes les félicités particulieres.

CHAPITRE I.

Tous les hommes, dans l'état de société, peuvent-ils être également heureux ?

Nulle société où tous les citoyens puissent être égaux en richesses et en puissance (1). En est-il où tous puissent être égaux en bonheur ? C'est ce que j'examine.

Des lois sages pourroient sans doute opérer le prodige d'une félicité universelle. Tous les citoyens ont-ils quelque propriété, tous sont-ils dans un certain état d'aisance, et peuvent-ils, par un travail de sept ou huit heures, subvenir abondamment à leurs besoins et à ceux de leur famille ? ils sont aussi heureux qu'ils peuvent l'être.

Pour le prouver, sachons en quoi consiste le bonheur du particulier. Cette connoissance préliminaire est la seule base sur laquelle on puisse édifier la félicité nationale.

Une nation est le composé de tous ses citoyens, et le bonheur public le composé de tous les bonheurs particuliers. Or, qu'est-ce qui constitue le bonheur de l'individu ?

Qu'on interroge la plupart des hommes. Pour être également heureux, diront-ils, il faudroit que tous fussent également riches et puissants. Rien de plus faux que cette assertion. En effet, si la vie n'est que le composé d'une infinité d'instants divers, tous les hommes seroient également heureux si tous pouvoient remplir ces instants d'une maniere également agréable. Le peut-on dans les différentes conditions ? Est-il possible d'y colorier de la même nuance de félicité tous les moments de la vie humaine ? Sachons auparavant dans quelles occupations différentes se consomment nécessairement les diverses parties de la journée.

CHAPITRE II.

De l'emploi du temps.

Les hommes ont faim et soif; ils ont besoin de coucher avec leurs femmes, de dormir, etc. Des vingt-quatre heures de la journée ils en emploient dix ou douze à pourvoir à ces divers besoins. Au moment qu'ils les satisfont, depuis le marchand de peaux de lapins jusqu'au prince, tous sont également heureux.

En vain diroit-on que la table de la richesse est plus délicate que celle de l'aisance. L'artisan est-il bien nourri? il est content. La différente cuisine des différents peuples prouve, comme je l'ai déja dit, que la bonne chere est la chere occoutumée (a).

Il est donc dix ou douze heures de la journée où tous les hommes assez aisés pour se procurer leur nécessaire peuvent être également heureux. Quant aux dix ou douze autres heures, c'est-à-dire celles qui séparent un besoin renaissant d'un besoin satisfait, qui doute que les hommes n'y jouissent encore de la même félicité, s'ils en font communément le même usage (b), et si

(a) M. de Caraccioli, ambassadeur en Angleterre, repassant en France pour exercer le même emploi, disoit : « L'é-« trange pays d'où je viens ! Vingt reli-« gions différentes, et deux sausses seu-« lement ! »

(b) C'est en effet de l'emploi plus ou moins heureux de ces dix ou douze heures que dépend principalement le malheur ou le bonheur de la plupart des hommes.

presque tous le consacrent au travail, c'est-à-dire à l'acquisition de l'argent nécessaire pour subvenir à leurs besoins? Or, le postillon qui court, le charretier qui voiture, le commis qui enregistre, tous, dans leurs divers états, se proposent ce même objet. Ils font donc en ce sens le même emploi de leur temps.

En est-il ainsi de l'opulent oisif? Ses richesses fournissent sans travail à tous ses besoins, à tous ses amusemens : j'en conviens. En est-il plus heureux? Non : la nature ne multiplie pas en sa faveur les besoins de la faim, de l'amour, etc. Mais cet opulent remplit d'une maniere plus agréable l'intervalle qui sépare un besoin satisfait d'un besoin renaissant. J'en doute.

L'artisan est sans contredit exposé au travail : mais le riche oisif l'est à l'ennui. Lequel de ces deux maux est le pire ? Si le travail est généralement regardé comme un mal, c'est que, dans la plupart des gouvernements, on ne se procure le nécessaire que par un travail excessif; c'est que l'idée du travail rappelle en conséquence toujours l'idée de la peine.

Le travail cependant n'en est pas une en lui-même. L'habitude nous le rend-elle facile ? nous occupe-t-il sans trop nous fatiguer ? le travail, au contraire, est un bien. Que d'artisans devenus riches continuent encore leur commerce, et ne le quittent qu'à regret lorsque la vieillesse les y contraint ! Rien que l'habitude ne rende agréable.

Dans l'exercice de sa charge, de son métier, de sa profession, de son talent, le magistrat qui juge, le serrurier qui forge, l'huissier qui exploite, le poëte et le musicien qui composent, tous goûtent à-peu-près le même plaisir, et, dans leurs travaux divers, trouvent également le moyen d'échapper au mal physique de l'ennui. L'homme occupé est l'homme heureux. Pour le prouver, je distinguerai deux sortes de plaisirs.

Les uns sont les *plaisirs des sens*. Ils sont fondés sur des besoins physiques ; ils sont goûtés dans toutes les conditions ; et, dans le moment où les hommes en jouissent, ils sont également fortunés. Mais ces plaisirs ont peu de durée.

Les autres sont les *plaisirs de prévoyance*. Entre ces plaisirs, je compte tous les moyens de se procurer les besoins physiques. Ces moyens sont, par la prévoyance, toujours convertis en plaisirs réels. Je prends le rabot ;

qu'éprouverai-je ? Tous les plaisirs de prévoyance attachés au paiement de ma menuiserie. Or, les plaisirs de cette espece n'existent point pour l'opulent, qui, sans travail, trouve dans sa caisse l'échange de tous les objets de ses desirs. Il n'a rien à faire pour se les procurer : il en est d'autant plus ennuyé. Aussi, toujours inquiet, toujours en mouvement, toujours promené dans un carrosse, c'est l'écureuil qui se désennuie en roulant sa cage. Pour être heureux, l'opulent oisif est forcé d'attendre que la nature renouvelle en lui quelque besoin. C'est donc l'ennui du désœuvrement qui remplit en lui l'intervalle qui sépare un besoin renaissant d'un besoin satisfait.

Dans l'artisan, c'est le travail qui, lui procurant les moyens de pourvoir à des besoins, à des amusements qu'il n'obtient qu'à ce prix, le lui rend agréable.

Pour le riche oisif, il est mille momens d'ennui, pendant lesquels l'artisan et l'ouvrier goûtent les plaisirs toujours renaissants de la prévoyance.

Le travail, lorsqu'il est modéré, est en général le plus heureux emploi qu'on puisse faire du temps où l'on ne satisfait aucun besoin, où l'on ne jouit d'aucun des plaisirs des sens, sans contredit les plus vifs et les moins durables de tous.

Que de sentiments agréables ignorés de celui qu'aucun besoin ne nécessite à penser! Mes immenses richesses m'assurent-elles tous les plaisirs que le pauvre desire, et qu'il acquiert avec tant de peines? je me plonge dans l'oisiveté ; j'attends avec impatience, comme je l'ai déja dit, que la nature réveille en moi quelque desir nouveau ; j'attends : je suis ennuyé et malheureux. Il n'en est pas ainsi de l'homme occupé. L'idée de travail et de l'argent dont on le paie s'est-elle associée dans sa mémoire à l'idée de bonheur? l'occupation en devient un. Chaque coup de hache rappelle au souvenir du charpentier les plaisirs que doit lui procurer le paiement de sa journée.

En général, toute occupation nécessaire remplit de la maniere la plus agréable l'intervalle qui sépare un besoin satisfait d'un besoin renaissant, c'est-à-dire les dix ou douze heures de la journée où l'on envie le plus l'oisiveté du riche, où on le croit si supérieurement heureux. La joie avec laquelle, dès le matin, le laboureur attele sa charrue, et le receveur ouvre sa caisse et son livre de comptes, en est la preuve.

L'occupation est un plaisir de tous les instants, mais ignoré du grand et du riche oisif. La mesure de notre opulence, quoi qu'en dise le préjugé, n'est donc pas la mesure de notre félicité. Aussi, dans toutes les conditions où l'on peut, par un travail modéré, subvenir à tous ses besoins, les hommes au-dessus de l'indigence, moins exposés à l'ennui que les riches oisifs, sont à-peu-près aussi heureux qu'ils peuvent l'être.

Les hommes, sans être égaux en richesses et en dignités, peuvent donc l'être en bonheur. Mais pourquoi les empires ne sont-ils peuplés que d'infortunés ?

CHAPITRE III.

Des causes du malheur de presque toutes les nations.

Le malheur presque universel des hommes et des peuples dépend de l'imperfection de leurs lois, et du partage trop inégal des richesses. Il n'est, dans la plupart des royaumes, que deux classes de citoyens, l'une qui manque du nécessaire, l'autre qui regorge de superflu. La premiere ne peut pourvoir à ses besoins que par un travail excessif. Ce travail est un mal physique pour tous ; c'est un supplice pour quelques uns. La seconde classe vit dans l'abondance, mais aussi dans les angoisses de l'ennui (a). Or,

(a) A combien de maux, outre ceux de

l'ennui est un mal presque aussi redoutable que l'indigence.

La plupart des empires ne doivent donc être peuplés que d'infortunés. Que faire pour y rappeler le bonheur? Diminuer la richesse des uns, augmenter celle des autres; mettre le pauvre en un tel état d'aisance qu'il

l'ennui, les riches ne sont-ils pas sujets! Que d'inquiétudes et de soins pour accroître et conserver une grande fortune! Qu'est-ce qu'un riche? C'est l'intendant d'une grande maison, chargé de nourrir et d'habiller les valets qui le déshabillent. Si ses domestiques ont du pain assuré pour leur vieillesse, et s'ils n'ont point partagé avec leur maître l'ennui de son désœuvrement, ils ont été mille fois plus heureux. Le bonheur d'un opulent est une machine compliquée à laquelle il y a toujours à refaire. Pour être constamment heureux, il faut l'être à peu de frais.

puisse, par un travail de sept ou huit heures, abondamment subvenir à ses besoins et à ceux de sa famille. C'est alors qu'il devient à-peu-près aussi heureux qu'il le peut être. Il goûte, quant aux plaisirs physiques, tous ceux de l'opulent. L'appétit du pauvre est de la nature de l'appétit du riche, et, pour me servir du proverbe usité, *le riche ne dîne pas deux fois.* Je sais qu'il est des plaisirs coûteux hors de la portée de la simple aisance; mais on peut toujours les remplacer par d'autres, et remplir d'une maniere également agréable l'intervalle qui sépare un besoin satisfait d'un besoin renaissant, c'est-à-dire un repas d'un autre repas, une premiere d'une seconde jouissance. Dans tout sage gouvernement, on peut jouir d'une égale félicité et dans les moments où l'on satisfait ses besoins, et dans ceux qui séparent un besoin satisfait d'un besoin renaissant. Or, si la vie n'est que l'addition de ces deux sortes d'instants, l'homme aisé peut donc égaler en bonheur les plus riches et les plus puissants. Mais seroit-il possible que de bonnes lois missent tous les citoyens dans cet état d'aisance requis pour le bonheur?

CHAPITRE IV.

Qu'il est possible de donner plus d'aisance aux citoyens.

Dans l'état actuel de la plupart des nations, que le gouvernement, frappé de la trop grande disproportion des fortunes, veuille y remettre plus d'égalité, il aura sans doute mille obstacles à surmonter. Un semblable projet, conçu avec sagesse, ne doit et ne peut s'exécuter que par des changements continus et insensibles : mais ces changements sont possibles.

Que les lois assignent quelque propriété à tous les citoyens, elles arracheront le pauvre à l'horreur de l'indigence, et le riche au malheur de l'ennui. Elles rendront l'un et l'autre plus heureux.

Mais, ces lois établies, s'imagine-t-on que, sans être également riches ou puissants (a), les hommes se croiroient

(a) Ai-je contracté un grand nombre de besoins? en vain l'on voudroit me persuader que peu de fortune suffit à ma félicité. Si l'on a dès mon enfance uni dans ma mémoire l'idée de richesse à celle de bonheur, quel moyen de les séparer dans un âge avancé? Ignoreroit-on encore ce que peut sur nous l'association de certaines idées?

Que, par la forme du gouvernement,

également heureux ? Rien de plus difficile à leur persuader dans l'éducation actuelle. C'est que, dans leur enfance, on associe dans leur mémoire l'idée de richesse à celle de bonheur ; c'est

j'aie tout à craindre des grands, je respecterai méchaniquement la grandeur jusques dans le seigneur étranger qui ne peut rien sur moi. Que j'aie associé dans mon souvenir l'idée de vertu à celle de bonheur, je la cultiverai lors même que cette vertu sera l'objet de la persécution. Je sais bien qu'à la longue ces deux idées se désuniront ; mais ce sera l'œuvre du temps, et même d'un long temps. Il faudra que des expériences répétées m'aient cent fois prouvé que la vertu ne procure réellement aucun des avantages que j'en attendois. C'est dans la méditation profonde de ce fait qu'on trouvera la solution d'une infinité de problêmes moraux, insolubles sans la connoissance de cette association de nos idées.

qu'en presque tous les pays cette idée doit se graver d'autant plus profondément dans leur souvenir, qu'ils n'y pourvoient communément que par un travail excessif à leurs besoins pressants et journaliers. En seroit-il ainsi dans un pays gouverné par d'excellentes lois ?

Si le sauvage a pour l'or et les dignités le mépris le plus dédaigneux, l'idée de l'extrême richesse n'est donc pas nécessairement liée à celle de l'extrême bonheur. On peut donc s'en former des idées distinctes et différentes ; on peut donc prouver aux hommes que, dans la suite des instants qui composent leur vie, tous seroient également heureux si, par la forme du gouvernement, ils pouvoient à quelque aisance joindre la propriété de leurs biens, de leur vie, et de leur liberté. C'est le défaut de bonnes lois qui par-tout allume le desir d'immenses richesses.

CHAPITRE V.

Du desir excessif des richesses.

JE n'examine point dans ce chapitre si le desir de l'or est le principe d'activité de la plupart des nations, et si, dans les gouvernements actuels, cette passion n'est point un mal nécessaire. Je ne la considere que relativement à son influence sur le bonheur des particuliers.

Ce que j'observe, c'est qu'il est des pays où le desir d'immenses richesses devient raisonnable : ce sont ceux où les taxes sont arbitraires, par conséquent les possessions incertaines ; où les renversements des fortunes sont fréquents ; où, comme en orient, le prince peut impunément s'emparer des propriétés de ses sujets.

Dans ce pays, si l'on desire les trésors d'Ambulcasem, c'est que, toujours exposé à les perdre, on espere au moins tirer des débris d'une grande fortune de quoi subsister soi et sa famille. Par-tout où la loi sans force ne peut protéger le foible contre le puissant, on peut regarder l'opulence comme un moyen de se soustraire aux injustices, aux vexations du fort, au mépris enfin, compagnon de la foiblesse. On desire donc une grande fortune comme une protectrice et un bouclier contre les oppresseurs.

Mais, dans un gouvernement où l'on seroit assuré de la propriété de ses biens, de sa vie et de sa liberté, où le peuple vivroit dans une certaine aisance, le seul homme qui pût raisonnablement desirer d'immenses richesses seroit le riche oisif : lui seul, s'il en étoit dans un tel pays, pourroit les croire nécessaires à son bonheur, parceque ses besoins sont en fantaisies (a), et que les fantaisies n'ont point de bornes. Vouloir les satisfaire, c'est vouloir remplir le tonneau des Danaïdes.

Par-tout où les citoyens n'ont point

(a) Il est des pays où le faste et les fantaisies sont non seulement le besoin des grands, mais encore celui du financier. Rien de plus ridicule que ce qu'il appelle chez lui le luxe de décence. Encore n'est-ce pas ce luxe qui le ruine. Qu'on ouvre ses livres de comptes, on voit que les dépenses de sa maison ne sont pas les plus considérables ; que les plus grandes sont en fantaisies, bijoux, etc., et que ses besoins en ce genre sont illimités, comme son amour pour les richesses.

de part au gouvernement, où toute émulation est éteinte, quiconque est au-dessus du besoin est sans motif pour étudier et s'instruire ; son ame est vuide d'idées ; il est absorbé dans l'ennui ; il voudroit y échapper, il ne le peut. Sans ressource au dedans de lui-même, c'est du dehors qu'il attend sa félicité. Trop paresseux pour aller au devant du plaisir, il voudroit que le plaisir vînt au-devant de lui. Mais le plaisir se fait souvent attendre ; et le riche, par cette raison, est souvent et nécessairement infortuné.

Ma félicité dépend-elle d'autrui ? suis-je passif dans mes amusements ? ne puis-je m'arracher moi-même à l'ennui ? quel moyen de m'y soustraire ? C'est peu d'une table splendide, il me faut encore des chevaux, des chiens, des équipages, des concerts, des musiciens, des peintres, des spectacles pompeux. Point de trésor qui puisse fournir à ma dépense.

Peu de fortune suffit au bonheur de l'homme occupé (2); la plus grande ne suffit pas au bonheur d'un désœuvré. Il faut ruiner cent villages pour amuser un oisif. Les plus grands princes n'ont point assez de richesses et de bénéfices pour satisfaire l'avidité d'une femme, d'un courtisan, ou d'un prélat. Ce n'est point au pauvre, c'est au riche oisif, que se fait le plus vivement sentir le besoin d'immenses richesses. Aussi, que de nations ruinées et surchargées d'impôts, que de citoyens privés du nécessaire, uniquement pour subvenir aux dépenses de quelques ennuyés! La richesse a-t-elle engourdi dans un homme la faculté de penser? il s'abandonne à la paresse; il sent à-la-fois de la douleur à se mouvoir, et de l'ennui à n'être point mû ; il voudroit être remué sans se donner la peine de se remuer. Que de richesses pour se procurer ce mouvement étranger !

Ô indigents, vous n'êtes pas sans doute les seuls misérables. Pour adoucir vos maux, considérez cet opulent oisif qui, passif dans presque tous ses amusements, ne peut s'arracher à l'ennui que par des sensations trop vives pour être fréquentes.

Si l'on me soupçonnoit d'exagérer ici le malheur du riche oisif, qu'on examine en détail ce que la plupart des grands et des riches font pour l'éviter ; on sera convaincu que cette maladie est du moins aussi commune que cruelle.

CHAPITRE VI.

De l'ennui.

L'ennui est une maladie de l'ame. Quel en est le principe ? L'absence de sensations assez vives pour nous occuper (a).

Une médiocre fortune nous nécessite-t-elle au travail ? en a-t-on con-

---

(a) Des sensations foibles ne nous arrachent point à l'ennui. Dans ce nombre je place les sensations habituelles. Je m'éveille à l'aube du jour; je suis frappé par les rayons réfléchis de tous les objets qui m'environnent; je le suis par le chant du coq, par le murmure des eaux, par le bêlement des troupeaux : et je m'ennuie. Pourquoi ? C'est que des sensations trop habituelles ne font plus sur moi d'impressions fortes.

tracté l'habitude ? poursuit-on la gloire dans la carriere des arts et des sciences ? on n'est point exposé à l'ennui. Il n'attaque communément que le riche oisif.

CHAPITRE VII.

Des moyens inventés par les oisifs contre l'ennui.

En France, par exemple, mille devoirs de société inconnus aux autres nations y ont été inventés par l'ennui. Une femme se marie ; elle accouche : un oisif l'apprend ; il s'impose à tant de visites ; va tous les jours à la porte de l'accouchée, parle au Suisse, remonte dans son carrosse, et va s'ennuyer ailleurs.

De plus, cet oisif se condamne chaque jour à tant de billets, à tant de lettres de compliment, écrits avec dégoût, et lus de même.

L'oisif voudroit éprouver à chaque instant des sensations fortes : elles seules peuvent l'arracher à l'ennui. A leur défaut, il saisit celles qui se trouvent à sa portée. Je suis seul ; j'allume du feu : le feu fait compagnie. C'est pour éprouver sans cesse de nouvelles sensations que le Turc et le Persan mâchent perpétuellement, l'un son opium, l'autre son bétel.

Le sauvage s'ennuie-t-il? il s'assied près d'un ruisseau, et fixe les yeux sur le courant. En France, le riche, pour la même raison, se loge chèrement sur le quai des Théatins. Il voit passer les bateaux ; il éprouve de temps en temps quelques sensations. C'est un tribut de trois ou quatre mille livres que l'oisif paie tous les ans à l'ennui, et dont l'homme occupé eût pu faire présent à l'indigence. Or, si les grands, les riches, sont si fréquemment et si fortement attaqués de la maladie de l'ennui, nul doute qu'elle n'ait une grande influence sur les mœurs nationales.

FIN DU TOME DIXIEME.

www.ingramcontent.com/pod-product-compliance
Lightning Source LLC
Chambersburg PA
CBHW071947160426
43198CB00011B/1577